名师名校名校长

凝聚名师共识
回应名师关怀
打造名师品牌
培育名师群体

程明远题

九年一贯
语文"读写力提升"
单元整体设计图示教学法案例

陈芳名师工作室◎著

中国文联出版社

图书在版编目（CIP）数据

九年一贯语文"读写力提升"单元整体设计图示教学法案例 / 陈芳名师工作室著. — 北京：中国文联出版社，2022.8

ISBN 978-7-5190-4914-0

Ⅰ.①九… Ⅱ.①陈… Ⅲ.①语文课—教学设计—中小学 Ⅳ.①G633.302

中国版本图书馆CIP数据核字（2022）第151631号

著　　者　陈芳名师工作室
责任编辑　刘　旭
责任校对　吉雅欣
装帧设计　刘贝贝　李　娜

出版发行　中国文联出版社有限公司
社　　址　北京市朝阳区农展馆南里10号　　邮编　100125
电　　话　010-85923025（发行部）　　010-85923091（总编室）
经　　销　全国新华书店等
印　　刷　北京四海锦诚印刷技术有限公司

开　　本　710毫米×1000毫米　　1/16
印　　张　19.25
字　　数　289千字
版　　次　2022年8月第1版第1次印刷
定　　价　58.00元

工作室成员介绍

陈　芳

　　中学语文高级教师，现任深圳市南山区荔香学校初中语文科组长及语文教师。深圳市南山区首批骨干教师，深圳市南山区首批阅读点灯人，深圳市南山区名师工作室主持人，深圳市语文中考命题人，深圳市教师继续教育课程培训教师，广东省义务教育统编教材三科骨干教师。

　　主持并完成多个国家、市、区级课题。多篇教学案例及教研论文发表在《语文教学通讯》《语文教学与研究》《中学语文教学参考》《中学作文教学研究》《语文报》等刊物上。多篇教研论文、教学实录、教学案例、教学录像课、特色微课教程获国家、省、市、区级一等奖。

　　以"守正务本　守正循道　守正育心　守正用奇"为语文教学主张，"守正语文"首创者。中学语文"一字立骨教学法"首创者，写作材料资源开发"心"法教学策略首创者，"语文读写力提升"单元整体设计图示教学法首创者，"巧做笔记勤读书"教程首创者。

工作室成员介绍

工作室参与成员简介

刘小培

　　南山区荔香学校小学语文教师，深圳大学文学硕士，深圳市南山区荔香学校陈芳名师工作室成员。曾获深圳市南山区教育局师德征文比赛一等奖、三等奖，南山区教学设计资源三等奖，被评为南山区"优秀少先队辅导员"，2020年度陈芳名师工作室优秀成员。

余井瀛

　　南山区荔香学校中学语文教师，毕业于华南师范大学，深圳市南山区荔香学校陈芳名师工作室成员。曾获深圳市南山区中小学青年教师教学能力大赛特等奖、初中语文命题大赛特等奖、"教师微课精品工程"一等奖、名著导读教学大赛一等奖、"百花奖"二等奖，南山区优秀班主任，南山区未来教师。

工作室成员介绍

欧阳晓珊

南山区荔香学校小学语文教师，校"青蓝工程"指导教师，华南师范大学文学硕士，深圳市南山区荔香学校陈芳名师工作室成员。曾获校"德育之星""教研之星"称号，在《南山教育》及陈芳名师工作室公众号上发表多篇文章，2021年度陈芳名师工作室优秀成员。

徐旖旎

南山区荔香学校小学语文教师，山东大学文学硕士，深圳市南山区荔香学校陈芳名师工作室成员。2021年度陈芳名师工作室校级优秀成员。

工作室成员介绍

工作室参与成员简介

霍文雅

南山区荔香学校小学语文教师，深圳大学文学硕士，深圳市南山区荔香学校陈芳名师工作室成员。曾获南山区教学设计资源一等奖，南山区新岗教师教学基本功比赛二等奖，2020年度陈芳名师工作室优秀成员。

张 欣

南山区荔香学校小学语文教师，本硕毕业于华中师范大学，深圳市南山区荔香学校陈芳名师工作室成员。研读语言学与应用语言学专业，对语言文字研究有一定科研水平。拥有小学高段语文教学兼班主任的教学经验，所带班级曾获南山区"少先队红旗中队"称号。曾获南山区小学语文统编教材单元整体设计评比一等奖。

序 言 九年一贯语文"读写力提升"单元整体设计图示教学法缘起

2017年9月，随着中小学语文新教材部编版的全面启用，"单元整体教学"成为中小学语文教学研究的一个热点词。

"单元教学"是欧美新教育运动的产物。1919年，五四运动时期传入我国。自此，单元教学的各种方式也应运而生。近代著名教育家、文学家梁启超率先提出"分组比较"的单元教学主张，他说："不能篇篇文章讲，须一组一组地讲。讲文时以星期为单位，两星期教一组，或三星期教一组，要通盘打算。"[①]梁氏的"分组比较"文章教学法，可以说是语文单元教学的雏形。

随后，著名语文教育家夏丏尊、叶绍钧在《国文百八课》[②]这套教材中将单元教学观念落实到较为系统化、科学化地编排单元学习内容上。《国文百八课》中每一课均是一个有明确教学目标的小单元。先以一则"文话"开篇，接着有两篇和文话所说道理一致的"选文"，再加一篇以选文中词句为例的"文法"或"修辞"知识短文，最后是一则用以巩固文法、修辞知识的"习问"。

新中国成立后，著名教育家、上海育才中学校长段力佩在1970年末首次提出"一次多篇，多次反复"[③]的单元阅读教学法。"一次多篇"是指在一个

---

① 梁启超.中学以上作文教学法［M］.北京：首都经济贸易大学出版社，2018.

② 夏丏尊，叶绍钧.国文百八课［M］.北京：生活·读书·新知三联书店，2008.

③ 韩雪屏.中国当代阅读理论与阅读教学［M］.成都：四川教育出版社，1998.

课时中选择3—5篇内容相近的文章让学生集中读议，找出主要词句加以比较；"多次反复"则是在之后的几个课时把集中比较的词句再反过来探讨是如何阐述文章主题和内容的，同时分析文章的主题和内容又是如何统领这些词句的。这种"多篇"课文开展的单元阅读教学的组织方式有：①按文体集中，如记叙文、说明文、议论文等；②按同类内容集中，所选文章的取材内容相近；③按同类表现手法集中，所选文章采用的表现手法相同；④按语言风格、题材内容、表现手法都相近的文章集中；⑤高三阶段可按释词法、析句法等内容集中等。育才中学的"一次多篇，多次反复"的单元阅读教学法，极大推动了当代语文教材单元篇目组元以及单元教学的产生。

1980年开始，首都师范大学中文系饶杰腾教授对已有的各类单元教学进行了系统研究，并编写出《中学语文单元教学模式》①。这本书首次归纳出单元教学的三个基本特征：①整体性，每个单元教学要有明确的语文知识重点，单元之间应有知识序列，各序列间能形成横向联系的知识网，单元教学的整体性在教学过程中会呈现明显的阶段性和连续性；②主体性，以学生为主体，依据学生的特点设计单元教学，能让单元学习活动具有主动性和自觉性；③比较性，编入同一单元的文章，既有某些共性，也有鲜明个性。单元教学中运用比较教学法，既能异中求同，归纳出单元选文读写规律；也能同中辨异，在辨析同类文章中学会活用。

由饶杰腾教授提出的单元教学三大特征，依据部编语文新教材单元课文特点，结合普通九年一贯制学校的基本学情，我首创性地提出"读写力提升单元整体设计图示教学法"。

"读写力提升单元整体设计图示教学法"，以"依体为纲、分篇推进、图示引路、思维可视、提升读写"为单元教学设计理念，将部编语文新教材1—9年级单元内容按文章体式和单元教学要求等加以整合。1—6年级每册书各选一种文章体式按"写话""写段"等要求组织编排单元整体教学内容（1—6年级

---

① 饶杰腾.中学语文单元教学模式［M］.北京：开明出版社，1992.

案例设计分别由工作室6位核心成员完成）。7—9年级按新闻、传记、说明文、演讲稿、游记、诗歌、议论文、古典小说八种文章体式（7—9年级8类文体案例设计由我完成），分选八个单元的课文进行单元整体教学设计。同时，每单元整体设计分别运用一种可视化思维图示。这一文体图示，既在阅读时帮助厘清一类文体的知识结构内容，又在写作时列出这类文体的写作提纲，还能在写作后，成为写作优劣的评价量表，具有"一图三效"的功用。最终，让学生的语文读写力在"依体为纲、分篇推进、图示引路、思维可视"的教学过程中，达到逐层推进、不断提升的优良效果。

为什么把"读"与"写"合并为"读写力"？

当代著名语文教育家顾黄初先生在《顾黄初语文教育文集》一书里谈道："读书往往要伴随着写，读和写在这里仿佛是一对'连体婴儿'，彼此紧密联系着……读和写相结合的方式有多种。一是摘抄，二是标记和评点，三是记纲要，四是做卡片，五是写读后感……"[①]

以上是从学习者读书的角度，认为读和写具有一体性。从语文教育心理学的角度来看，读和写的确具有高度一致性。这是因为读写同类文章时，所需的文体图式是相同的。

什么是"图式"？

华东师范大学董蓓菲教授在《语文教育心理学》中这样解释："图式理论是认知学派鲁姆哈特1980年提出的观点。他认为图式由许多相互联系、相互作用并结合成一个有机体的一系列一般知识所组成……图式具有变量、一般性、知识性和结构性等特点。"[②]

依据图式理论，在阅读一类文体时，我们可以将这一文体所需的基本知识要素加以汇总，形成一个具体的文体框架，或者说文体提纲。文体框架可以很好地将这类文体必备知识要素组建成一个具有层级的网络，并且具有这类文体的主要特征。同时，这个框架还能依据这类文体的不同文章加以变化。在写作

---

① 顾黄初.顾黄初语文教育文集［M］.北京：人民教育社，2002.

② 董蓓菲.语文教育心理学［M］.上海：上海教育出版社，2006.

这类文体时，我们可以运用阅读这类文体所归纳出的知识框架，选择相应材料列出这类文体的写作提纲。这样，我们会发现：同一类文体，阅读时归纳出的文章框架与写作这类文体的写作提纲是一致的。

如何能让同类文体的"框架"可视化地呈现？

近现代著名语文教育家黎锦熙先生曾用自创的"图解法"教学作文。在《黎锦熙论语文教育》中"国语的作文教学法"一文谈道："'作文指导'的预备功夫，其程序：（一）于每次读法授课前预备的时候，先把读本的课文，用文法上的'图解法'，逐句完全图解出来；（二）再把图解法所分析的词类，一个一个填入'词类检索表'……每教一课书，都能照这个例子预先作成一个图解，那么，不但教学读法时，就是一切关于作文的正误、填字、仿作、改作种种基本的形式练习以及构成指导、命题自作的种种方法，教学时都有一定的把握了；教师必须做到这步田地，才算有充分的预备。"①

黎锦熙先生的"图解法"也进一步证明——同一文体在阅读和写作中所需要的"图式"是相同的，并且"文体图式"可以用图解的方式（即图示）可视化地呈现。

那么，今天我们可以运用哪些图示将某一文体可视化地呈现呢？

北京师范大学赵国庆教授在他主编的《思维可视化》②一书中，为我们提供了八大思维图示：圆圈图、气泡图、双气泡图、树形图、括号图、流程图、复流程图和桥型图。

在此基础上，我不断阅读有关图示的书籍，又找到"思维导图""鱼骨图""概念图"三种独特的图示。同时，我将一般图表与演讲稿提纲建立联系，又将简要示意图移用到说明文中。受历史学科纵横时空轴的启发，我还独创了适合小说文体的"人物—事件"纵横坐标图。

由此，我首创性地研发出适合八类文体的八大可视化读写图示：①流程图，"新闻类"文体图示；②气泡图，"传记类"文体图示；③概念图（简单

---

① 张鸿苓，李炯华编.黎锦熙论语文教育［M］.郑州：河南教育出版社，1990.
② 赵国庆主编.思维可视化［M］.北京：北京师范大学出版社，2016.

建筑类说明文，可以用示意图），"说明文"文体图示；④图表，"演讲稿"文体图示；⑤鱼骨图，"游记类"文体图示；⑥思维导图，"诗歌类"文体图示；⑦括号图，"议论类"文体图示；⑧坐标轴图，"小说类"文体图示。

　　这些读写图示，既能清晰呈现某一文体的阅读纲要，也能成为写作某一文体时的构思提纲，还能在写作后成为评价这类文体写作优劣的评价量表，有一箭三雕的强大功效。

　　"读写力提升"单元整体设计图示教学法的研发过程，既神奇又欣喜。因为，用某一图示表达文章纲要是我在2020年3月"空中课堂"网上教学的偶得。"空中课堂"时，我尝试让学生们用思维导图绘制《骆驼祥子》的小说结构提纲，又让学生们用简要示意图绘制《海底两万里》"诺第留斯号"潜水艇的内部构造，还引入"鱼骨图"让学生们绘制两万里海底行程图……学生们精彩纷呈的图示作业，像一个个灿然绽放的绚丽烟火，不断照亮着我读写教学的探索之路。于是，我继续拾级而上，一路寻觅……

　　2020年5月，更神奇的事发生了，我被授予深圳市南山区第二批名教师工作室主持人的荣誉称号。随后，2020年7月—8月，在南山区师训部发起的"慕课开发大赛"中，我带领荔香学校6位青年教师研发出一套《巧作笔记勤读书》微课教程（共10讲，见附录）。2020年9月起，我开始带着工作室的核心成员们一起遨游在"单元整体设计图示教学法"的寻梦之旅中……

　　今天，这部书稿就这样充满奇遇地诞生了！现在，请进入我们工作室共同开创的神奇天地！"读写力提升"单元整体设计图示教学法案例会为你打开不一样的语文新天地！

深圳市荔香学校　陈　芳

目　录

第一篇

1-6年级"读写力提升"
单元整体教学设计

诗歌单元整体教学设计

——以一年级（上册）第四单元为例

单元文体整体解读

一、诗歌单元教学定位分析

本单元是小学阶段部编版教材中第一个正式的课文单元，以"感受自然之美"为切入点，选编了四篇内容简单、语言优美的课文，适合低年段的学生进行朗读和积累。其中，《秋天》是一则短文，《江南》是一首乐府诗，《小小的船》和《四季》是两首儿歌，虽然题材略有不同，但内容都是围绕自然美景展开的。同时，四篇课文都配有与诗文内容相关的精美插图，教师可以通过图文结合的方式，引导学生结合课文语句和课本插图，实现对课文内容的深入理解，丰富的图像也有助于学生自由发挥想象力，提升审美能力。通过多种形式的朗读和创设语言文字的美好情境，可以不断激发学生发现美、表达美的兴趣。

二、诗歌单元整体教学目标及分解目标

表1　诗歌单元整体教学目标及分解目标

单元目标	课文	分解目标
感受四季之美，激发喜爱大自然的情感； 积累"的"字短语； 仿照课文说话	1.《秋天》	初步了解秋天的特征，感受秋季之美
	2.《小小的船》	照样子说一说，积累"的"字短语
	3.《江南》	感受江南夏季的荷塘之美
	4.《四季》	仿照课文，说一说自己喜欢的季节
写作	仿照课文写一写自己喜欢的季节	

三、诗歌单元"读写力提升"进程表

一上第四单元以诗歌为主要体式，随文依次展开以下教学（见表2）。

表2　诗歌单元教学内容及侧重点

教学内容	教学侧重点
引导学生观察发现不同季节的代表性景物，学会围绕一个季节展开描述，并丰富词语和句式的表达形式	《秋天》一课重点学习观察季节的景物特征。 《小小的船》一课积累形容词和"的"字短语，丰富语言表达。 《江南》一课感受夏季荷塘之美以及诗歌的韵律之美。 《四季》一课重点讲解如何仿照儿歌的句式说一说喜欢的季节
仿照课文写话	我最喜欢的季节

四、单元"读写力提升"助力工具——气泡图

气泡图，亦称泡泡图（Bubble Maps），顾名思义，是通过一串串小气泡来展示各种类型信息的一类图表。居于中央的泡泡表示主题，环绕在外的泡泡则表示围绕主题词展开的描述性的词或词组。气泡图经常应用于对某一种概念进行特征上的表述和描摹，因其简单、直观、易操作的特点，气泡图往往被视为入门级的图示工具。对于一年级的学生来说，想要引导他们围绕一个主题拓展说话或是鼓励他们积累丰富的词语和句式，气泡图都是最合适不过的选择。

该图示对于本单元"阅读力提升"的作用有：①气泡图中的不同泡泡，引导学生从不同的角度去深入理解一个概念；②气泡图由中心向外发散的形式，便于学生丰富词语的积累。

该图示对于这类文体"写作力提升"的作用在于：①气泡图中位于中央位置的概念泡泡，实际上就限定了学生写作的主题；②在写作过程中，不同方向、不同大小的词语泡泡可以辅助学生展开联想和想象。

总之，该图示独有的简单、直观、易操作的特点，非常适合本单元读写图式的可视化呈现。

第二板块 单篇读写教学设计及学生习作

《秋天》教学设计

一、文本解读

《秋天》是学生在小学阶段进入拼音教学以来学习的第一篇课文，对于建立学生对于语文美好的初印象至关重要。课文用简洁、优美的笔触向学生展示了秋天的美丽景色，在观察课文插图环节，引导学生透过课本文字联系画面并展开想象，通过图像刺激来引起学生朗读和说话的兴致。

本课教学设计中，除了以丰富多样的识字手段落实学生准确认读本课生字的基本要求外，把重点放在朗读指导上。首先，提示学生观察自然段开头空两格的特点，指导学生初步认识自然段并了解一篇文章是由几个段落构成的，为之后的写话格式做好铺垫。其次，引导学生用自己的眼睛检索课文插图中出现的课文内容，图片与文字紧密结合，以发现和归纳四季之中秋季的主要特征和表现。感受秋季的天空之美、落叶之美、大雁南飞之美，进而带着感情朗诵课文语段。

二、教学重难点

（1）读准字音，通顺语句，有感情地朗读课文，注意"一"字的读音变化。

（2）图文结合初步了解秋天的特征，用自己的话描述秋天。

三、教学设计

（一）谈话导入，引出课题

同学们，你们知道一年之中有哪几个季节吗？你最喜欢春夏秋冬哪个季节？

（二）初读课文，认识自然段

1. 初步认识自然段

（1）出示第一单元《对韵歌》，引导学生观察儿歌与课文的不同之处。

（2）教师总结指导：课文是由几个自然段组成的，每个自然段开头都会空两格，这是自然段的标志。

2. 读好"一"的变调

课件出示：一片片、一群、一会儿、排成"一"字

指名读，相机指导："一"在不同的词语中读音是不一样的。

（三）整体感知，了解大意

指名读课文，相机指导，教师反馈评价。

（四）巩固识字，指导书写

教师指导学生练习书写。

（一）复现生字，回顾课文

课件出示生字。

（二）再读课文，读中感悟

1. 比较句子

（1）指名两位学生朗读。

一片叶子从树上落下来。

一片片叶子从树上落下来。

（2）这里的"一片片"相比于"一片"传递出了什么信息？

借助多媒体动画演示"一片片"表示数量更多，引导学生体会文字用语的美感。

2. 语言训练，口头说话

（1）观察课文插图并填空。

小松鼠那么＿＿＿＿＿＿＿＿＿那么＿＿＿＿＿＿＿＿＿＿。

松果那么＿＿＿＿＿＿＿＿＿那么＿＿＿＿＿＿＿＿＿＿。

（2）秋天施了一个魔法，许多事物都在悄悄地发生变化。你还能从哪里发现秋天的魔法呢?

（3）小组交流讨论，指名说话并进行评价。

（三）朗读全文，背诵课文

引导学生朗读全文并背诵。

（四）课后延伸

如果你想了解秋天的更多资料，请在课后找一找有关秋天的绘本，查一查秋天的信息。

四、板书设计

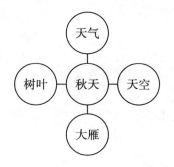

《小小的船》教学设计

一、文本解读

《小小的船》是叶圣陶笔下一首短小优美的儿童诗，描绘了孩子眼中晴朗、静谧且充满妙趣的夜空。诗画相配，语言生动，朗朗上口，且富有想象力，适合学生有感情地朗读并背诵。

本课教学设计中，首先通过教师的导语创设一个夏夜天空，月亮高照的情境让学生进入诗歌画面，让他们的内心世界充盈起来，在朗读中提高学生的想象能力和朗读能力。学生感受美的画面，感知美的文字，自然而然地生发出对美丽大自然的倾慕，并且激起口头说话的欲望。在用语方面，学生通过观察和理解课文中"小小的船""弯弯的月儿""闪闪的星""蓝蓝的天"等"的"

字短语，更好地积累词语和短语，语言表达更上一个台阶。

二、教学重难点

（1）读准字音，通顺语句，有感情地朗读课文，背诵课文。

（2）积累"的"字短语，并能照样子说一说。

三、教学设计

第 1 课时

（一）故事导入，激发兴趣

改编绘本《阿狸和弯月亮》，以弯月亮在中秋大会上要表演诗歌朗诵的故事引出课文《小小的船》。

（二）初读课文，识字认字

指名学生朗读课文句子，相机教学生字。

（三）精读课文，练习说话

1. 学习第一句话

（1）边读边想：弯弯的月儿和小小的船有什么关系呢？（比喻句，什么像什么）

（2）语言训练。课件出示图片，引导学生描述：

弯弯的月亮像_____。（小船、眉毛、镰刀）

圆圆的苹果像_____。

洁白的云朵像_____。

2. 指导朗读

标注停顿符号，读好诗歌节奏。

第 2 课时

（一）复习词语，巩固导入

摘星星游戏，小火车接龙读词。

（二）创设情境，再读课文

（1）朗读诗句："只看见闪闪的星星/蓝蓝的天。"

指导学生读出星星的跳跃感和天空的广阔壮丽。

（2）"闪闪的星星"和"蓝蓝的天"都出现了同一个字——"的"。

联系实际说一说"的"字短语：

小小的（　　　）　圆圆的（　　　）　（　　　）的蚂蚁　（　　　）的珍珠

（三）整体朗读，表演背诵

1. 多种形式朗读

齐读、男女读、师生合作读、演读。

2. 学生示范背诵

结合课文配图，搭配动作，辅助理解和记忆。

3. 引导想象

如果是你坐在月亮船上，还可能会看见什么呢？

（四）总结延伸，课外阅读

（1）回家后把《小小的船》背诵给爸爸妈妈听一听。

（2）如果你还想知道阿狸和弯月亮之间发生了哪些有趣的小故事，可在课
下阅读绘本《阿狸和弯月亮》。

四、板书设计

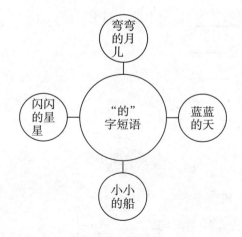

《江南》教学设计

一、文本解读

《江南》是选自汉乐府的一首古诗，用通俗易懂、回环往复的几句诗生动地描绘了江南水乡的采莲场景。课文插图里的荷花、莲叶以及游鱼有着鲜艳的色彩和生动的形象，由诗句延伸至画面，共同构成了一幅荡舟采莲，鱼戏荷叶、生机盎然的画卷。

朗读指导中可以采用教师引读、学生接读、男女生对读、小组合作读等多种方式，培养学生借助插图和通过文字想象画面，体会诗歌的情趣，陶冶儿童美的情操。在口头说话训练时，可以鼓励学生尝试用自己的话把诗句内容描述出来，由发现美的眼睛延伸至记录美的笔触。

二、教学重难点

（1）朗读课文，背诵课文。

（2）结合诗句和插图，尝试用自己的话说一说江南美景。

三、教学设计

（一）欣赏图集，激发兴趣

（1）同学们，今天老师带来了几幅漂亮的图画，你看到了什么？请用完整的一句话进行回答。

预设①我看到了圆圆的荷叶。

预设②我看到了漂亮的荷花。

（2）夏日来临，江南的荷塘就热闹起来了。今天，请同学们一起来学习一首古诗——《江南》。

（二）初读古诗，识字学词

学生齐读古诗，相机正音，交流识字方法。

（三）再读诗歌，整体感知

（1）这首诗一共几行？（七行）

（2）指名读。其他同学听一听读得是否正确，教师相机正音。

（四）观察示范，描红练写

学写"可""东""西"三个生字。

第 ② 课 时

（一）朗读导入，回顾字词

配乐朗读古诗，出示生字词，指名读。

（二）解读诗句，情感深化

（1）课件出示江南荷塘图，创设情境：现在你就站在池边，眼前的荷叶是什么样子的？

填一填：我看到了（　　）的荷叶。

点拨：你可以从荷叶的颜色、荷叶的大小、荷叶的形状等方面来说一说。

（2）层层叠叠的荷叶紧紧挨在一起，好一幅"莲叶何田田"的夏日盛景啊！请你带着欢乐的心情再来读一读这句诗。

（3）瞧，一群小鱼游过来了，它们好像在做什么游戏，一起去看看吧！

教师带领学生读诗歌后五行，边读边用手做小鱼游的动作来感受"东西南北"的四个方位。

（4）教师小结：诗人在写小鱼嬉戏时，用了很多重复的词句，这种反复的写法可以让诗句读起来更加朗朗上口，也更加生动。

（三）整体朗读，当堂背诵

教师带领学生再次朗读全文，并当堂尝试背诵。

四、板书设计

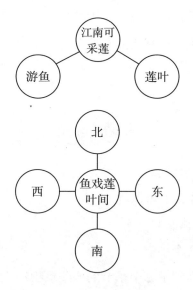

《四季》教学设计

一、文本解读

　　《四季》是本单元富有童趣的一首儿歌，共分为四个小节，每个小节分别选取了四个季节的不同代表事物，尖尖的草芽代表春天，圆圆的荷叶代表夏天，弯弯的谷穗代表秋天，顽皮的雪人代表冬天。整首诗是围绕四季之美展开描绘的，所以帮助学生感受"美"、表达"美"是教学内容中极其重要的一个方面。

　　在解读诗歌的过程中，要注意引导学生体会作者的拟人化表达。除了诗歌中提到的草芽、荷叶、谷穗、雪人，还可以通过图片等多媒体材料拓展性地补充各个季节的景物，让学生发挥想象，自由说话，形成自己的美的意向。同时，四句一节，同类反复的诗歌形式也能让学生在朗读中学习用儿歌的语言来表情达意，进而模仿诗歌中对话的表达形式来与同学们分享自己最心仪的季节。

二、教学重难点

（1）初步了解四季的特征，感受四季的美丽。

（2）模仿课文，说说自己喜欢的季节。

三、教学设计

（一）情境导入，揭示课题

出示四季变换的图片，引出课题。

（二）初读课文，整体感知

（1）这首儿歌共有几个小节？

（2）每一小节分别提到了哪个季节的哪些景物？

（三）再读课文，内容探究

1. 学习第1、2节

（1）指导朗读，走进生机盎然的春天。把自己想象成一株小草，怀揣着愉悦的心情读一读。

（2）指导朗读，走进热情奔放的夏天。把自己想象成池中的荷叶，惬意地在水面平躺着，你体会到这种怡然自得的心情了吗？

2. 学习第3、4节

（1）比较观察第3、4节与前两节在形式上的不同。

前两节是"谁对谁说"，后两节是"谁怎么样地说"。

（2）谷穗为什么鞠着躬？（成熟的果实重量大）

请同学上台来表演一下鞠躬的动作，体会把谷穗比拟成人的拟人修辞。

（3）雪人在诗中也被比拟成了一个"顽皮"的娃娃。配动作（大肚子一挺）朗读第4节。

第**2**课时

（一）复现儿歌，激发情感

（1）引导：当看到尖尖的、嫩绿的草芽时，我们就知道春天来了。还有哪些事物可以告诉我们春天来了呢？（燕子、迎春花、春雷）

（2）同样地，你还可以从哪些地方、哪些事物里找出夏天、秋天、冬天到来的影子呢？

（二）合作创编，拓展升华

1. 拓展想象

出示各个季节的景物图片，引导说话。

2. 模仿创编

现在每一位同学都是小诗人，谁可以仿照这首诗的样子，跟同学们分享一下在四个季节里，你最热爱的季节是什么呢？

学生模仿说话。_____，他_____说："我是_____。"

（三）巩固认读，规范书写

（1）重点讲解言字旁、虫字旁和反文旁三个部首。

（2）指导书写，学写"天、四、是"3个字。"四"的第4笔是"竖弯"而不要写成"竖弯钩"。

四、板书设计

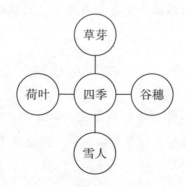

《我最喜欢的季节》写作教学设计

一、教学重难点

（1）抓住各个季节的不同特征展开描写。

（2）仿照儿歌《四季》中的形式来组织语句。

二、课时安排

2课时，第1课时写前导，第2课时当堂写话。

三、教学设计

（1）回顾本单元课文中描绘的四季之景，交流分享你觉得写得好的词句。

（2）四季之景色美不胜收，请以"我最喜欢的季节"为题进行写话。

（3）利用气泡图，在中心泡泡上写上自己最喜欢的季节并进行拓展描述，最后尝试用上《四季》的形式来组织语句。

四、学生习作

我最喜欢的季节

一（1）班　韩梦语

我最喜欢的季节是春天。啊！春天来了！百花齐放，百鸟争鸣，微风轻轻吹过，柳树的枝叶在河面荡漾，真是太漂亮了。蝴蝶翩翩起舞，它对鲜花说："我是春天！"

参考文献

[1] 温儒敏，陈先云总主编；滕春友，刘荣华，娄屹兰分册主编. 统编小
　　学语文教科书教学设计与指导·一年级上册［M］. 上海：华东师范大
　　学出版社，2019.

[2] 王荣生. 新课标与"语文教学内容"［M］. 桂林：广西教育出版社，

2004（7）.

［3］人民教育出版社　课程教材研究所小学语文课程教材研究开发中心编
著.义务教育教科书教师教学用书·语文一年级上册［M］.北京：人
民教育出版社，2020（7）.

［4］赵国庆主编.思维可视化［M］.北京：北京师范大学出版社，2016
（7）.

深圳市南山区荔香学校　徐旖旎

故事单元整体教学设计

——以一年级（下册）第三单元为例

第一板块 单元文体整体解读

一、故事单元教学定位分析

本单元围绕"友情与快乐"这一主题，选编了两篇小童话——《小公鸡和小鸭子》《树和喜鹊》以及一则儿童诗——《怎么都快乐》。《小公鸡和小鸭子》主要是写两位小主人公小公鸡和小鸭子在各自遇到困难之时向对方伸出援手，热情帮助朋友的故事；《树和喜鹊》中原本只有一棵树和一只喜鹊，后来有了很多树和很多喜鹊，树和喜鹊也从安静变得热闹、由孤单变得快乐的故事；《怎么都快乐》用四个诗歌小节分别展现了一个人玩的游戏、两个人玩的游戏、三个人玩的游戏以及许多人玩的游戏能体会到的不同乐趣。这三篇课文都十分贴近儿童的日常生活，并且向学生传达了一个简单的生活哲理：善待身边的朋友，珍惜眼前的快乐。

本单元课文的故事性比较强，注重培养学生认真听故事、自主讲故事的能力。从"联系上下文理解词语意思"的阅读要素到"仿照课文句式说话"的语言训练，最后都落脚于学生尝试用自己积累的词句讲好一个故事，为写话做好铺垫。

二、故事单元整体教学目标及分解目标

表1　故事单元整体教学目标及分解目标

单元目标	课文	分解目标
1.联系上下文理解词语的意思 2.仿照课文句式说话 3.尝试用自己的语言讲一个故事	5.《小公鸡和小鸭子》	用自己的话复述故事
	6.《树和喜鹊》	联系上下文理解词语意思
	7.《怎么都快乐》	仿照课文句式进行口头说话训练
写作	写一篇简短的故事	

三、故事单元"读写力提升"进程表

一下第三单元以故事为主要体式，随文依次展开以下教学（见表2）。

表2　故事单元教学内容及侧重点

教学内容	教学侧重点
阅读故事类课文，初步搭建故事的结构框架，丰富语言表达，尝试讲一个故事并写下来	《小公鸡和小鸭子》关注故事发展的不同阶段。 《树和喜鹊》关注"从前""后来"等时间性的连接词。 《怎么都快乐》仿照课文的句式进行扩写和续写
写故事	看图写一写小兔种白菜的故事

四、故事类文体"读写力提升"助力工具——流程图

流程图，也称"程序框图"，简称"框图"。通常会使用一些规整的图框，在框里写出一项操作的各个步骤或者一件事情的各个阶段，带箭头的流向线在流程图里起到重要的连接作用，使得分散的图框可以有所联结，箭头的指向预示着操作的前后步骤和事情的先后顺序。这种用规则的图形框、带箭头的流向线和必要的文字说明所构成思维图标，具有直观形象、便于理解的特点。在程序设计中，画流程图是整个过程中的一个首要环节，通过绘制流程图，设计者可以把构思过程即程序的逻辑结构更清晰地展现于纸面。

该图示对于故事类文体"阅读力提升"的作用有：①流程图有助于梳理课文的脉络结构；②流程图的流向线代表故事的发展顺序。

该图示对于故事类文体"写作力提升"的作用在于：①画流程图是故事构思的前期准备工作的重要环节；②流程图可以更好地构建故事逻辑，明确行文结构；③流程图的流向线可以指代故事讲述中的连接词，丰富故事的表达。

总之，该图示独有的直观形象、简明有序的特点，非常适合故事类文体读写图式的可视化呈现。

第二板块 单篇读写教学设计及学生习作

《小公鸡和小鸭子》教学设计

一、文本解读

部编版语文一年级下册选编的《小公鸡和小鸭子》是一篇童话体课文，故事主要围绕一只小公鸡和一只小鸭子展开。他们在相处的过程中互相关心、互相帮助，向学生传达了好朋友之间团结友爱的美好情感。

通过角色扮演，让学生把自己代入到小公鸡和小鸭子的视角，体会小公鸡和小鸭子在不同场景下情绪的变化，从而感情充沛地把课文的对话朗读出来。在听读课文的过程中，学生对小公鸡和小鸭子之间发生的故事已经有了整体性的感知，此时教师借助连环画图片可以为学生串联故事搭建出一架表达的桥梁，从而激发学生讲故事的兴趣。

二、教学重难点

（1）读好小公鸡和小鸭子的对话，体会不同心情。

（2）梳理故事的发展脉络，尝试讲故事。

三、教学设计

第 **1** 课时

（一）观察插图，感知大意

（1）学生结合课文插图，猜一猜课文的内容。

（2）教师范读课文，边听边想：课文讲了小公鸡和小鸭子的哪几件事？

① 小公鸡给小鸭子捉虫吃。

② 小鸭子救落水的小公鸡。

（二）自读课文，疏通字词

自由朗读课文，同桌交流识字方法。

（三）指导朗读，体会心情

（1）出示句子：

小公鸡找到了许多虫子，吃得很欢。

小鸭子找不到虫子，急得直哭。

做动作理解"吃得很欢"和"急得直哭"的意思。

（2）角色扮演，分别朗读小公鸡和小鸭子的对话。

相机指导：想想小公鸡和小鸭子说话时的心情，有感情地朗读课文。

第 **2** 课时

（一）复习巩固，书写练习

复习生字词并进行写字指导，学生练写后交流评价。

（二）比较句子，理解词语

1. 出示句子：

"小公鸡跟在小鸭子后面，也下了水。"

"小公鸡偷偷地跟在小鸭子后面，也下了水。"

"小鸭子游到小公鸡身边。"

"小鸭子飞快地游到小公鸡身边。"

2. 理解词语

为什么要"偷偷地"跟着下水？为什么要"飞快地"游到小公鸡身边呢？

尝试联系上下文理解这两个词的意思。

（三）梳理脉络，讲述故事

（1）学生用自己喜欢的方式读课文，边读边回顾每一段的内容。

（2）课件出示四张图片，分别对应故事的不同片段，请学生根据故事发展的顺序进行排序。

（3）小组讨论，组织分角色体验朗读，并尝试用自己的话讲一讲这个故事。

（4）展示评价，看看哪个小组的故事讲得最好。

四、板书设计

《树和喜鹊》教学设计

一、文本解读

本单元的阅读教学重点在于"联系上下文理解词语"，《树和喜鹊》一课的提示气泡里写到"读了这一段，我知道了'孤单'的意思"很好地贯彻了这一要求。本课教学设计时，首先以学生认真听故事作为出发点，在学生对课文内容形成初步了解之后，再把重点放在阅读课文语段、提出阅读疑问上，最后组织学生合作探究学习，通过联系上下文等辅助手段来进行有效讨论，解疑释疑。

课文的行文结构呈现出一些并列式的语段，分别位于故事发展的不同阶段，并用上了诸如"从前""后来"的连接词，这些都可以帮助学生搭建如何讲好一个故事的框架，锻炼学生的语言表达能力。

二、教学重难点

（1）学习联系上下文理解词语含义的方法。

（2）初步搭建一个讲故事的框架。

三、教学设计

第①课时

（一）听读故事，复述内容

（1）播放课文朗读音频，学生边听边提取关键信息：

讲的是谁的故事？从前发生了什么？后来又变成了怎样？

（2）指名学生回答，鼓励学生用完整的几句话来复述听到的内容。

（二）自读课文，理解词语

（1）自由朗读，用横线画出自己不太理解的词句，同桌交流。

（2）引导学生读一读前句和后句，用联系上下文的方法明确"孤单""邻居"的意思。

（3）小组讨论：联系生活实际说一说，你体会过孤单的感觉吗？

第②课时

（一）再读课文，体会"快乐"

（1）导入：一棵树和一只喜鹊实在是太孤单了，后来又发生了什么呢？

（2）学生交流后来发生的变化。想一想：树和喜鹊后来为什么很快乐？

（3）朗读第五、六自然段，体会"快乐"。

（二）积累词语，融会贯通

（1）出示词语，观察发现

安静　安安静静

快乐　快快乐乐

（2）你还能说出AABB式的词语吗？（平平安安、孤孤单单）

（三）拓展延伸，珍惜朋友

有朋友的陪伴是多么快乐啊！回家后，把树和喜鹊的故事讲给爸爸妈妈听。

四、板书设计

从前
- 一棵树和一只喜鹊
- 树很孤单，喜鹊也很孤单

后来
- 好多棵树，好多只喜鹊
- 树很快乐，喜鹊也很快乐

《怎么都快乐》教学设计

一、文本解读

本课以"快乐"为主题，语言生动，结构简单，是一首贴近学生日常生活，十分富有童趣的儿童诗。诗歌共分为四个小节，分别列举了一些儿童的游戏来呈现一个人、两个人、多个人的快乐，在师生合作朗读中，学生也能感悟到"快乐"的真谛——快乐可以是一个人独处，也可以是与他人相处，快乐是学会一起分享，快乐是团结一致、友爱包容。

"联系实际生活、联系上下文理解词语意思"的单元要素贯穿于整个教学环节之中，同时，对于诗歌中频繁出现的动宾结构短语，学生可以通过归纳识记来丰富词语的积累。通过仿写课文句式，不仅能考查学生对于课文内容的掌握程度，也能培养学生的语言积累和迁移运用能力。

二、教学重难点

（1）积累动宾形式的短语。

（2）仿照课文句式说话。

三、教学设计（2课时）

第 **1** 课时

（一）谈话导入，激发趣味

（1）教师：同学们，你们在课间十分钟都喜欢玩什么游戏呀？（师生交流）

（2）通过丰富多彩的课间游戏引出课题——《怎么都快乐》。

（二）初读课文，归类识记

（1）分小节朗读课文，圈出游戏名称。

（2）归纳并积累动词短语：跳绳、讲故事、打排球、打篮球。

（3）我还会说：（　）毽子、（　）羽毛球、（　）皮球。

（三）学习第1小节

（1）联系上下文理解"静悄悄"的意思。

（2）句式练说：一个人可以＿＿＿＿＿＿＿，可以＿＿＿＿＿＿＿，也可以＿＿＿＿＿＿＿……这样很好！

第 **2** 课时

（一）学习第2、3小节

（1）对比发现："两个人讲故事"与"三个人讲故事"的不同。

（2）联系上下文理解"有劲"的意思。

（二）学习第4小节

师生合作朗读，体会"热热闹闹的快乐"。

（三）迁移运用，仿说填空

一个人玩，很好！可以＿＿＿＿＿＿、＿＿＿＿＿＿……

＿＿＿＿＿＿个人玩，很好！可以＿＿＿＿＿，可以＿＿＿＿＿，也可以＿＿＿＿＿……

四、板书设计

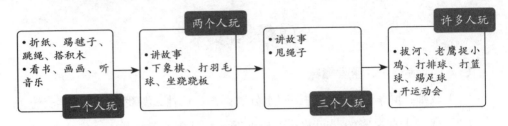

"看图写故事"写作教学设计

一、教学重难点

（1）观察连环画的内容和顺序，关注图片中的每一个细节。

（2）使用连接词，并运用联想和想象丰富故事情节。

（3）口头说话后用文字记录完整的故事。

二、课时安排

2课时，第1课时写前导，第2课时当堂写作。

三、教学设计

（1）出示《小兔种白菜》连环画，引导学生观察发现故事的发展顺序。

（2）请几个学生先说一说每幅图的内容，相机指导学生展开联想和想象，丰富故事的前因后果。

（3）小组交流，互相讲一讲完整的故事，评选故事大王。

（4）第2课时进行当堂写作，将口头的故事诉诸笔端。

四、学生习作

小兔种白菜

一（3）班　刘钰琪

中午，小白兔欢欢来到了菜园子里，她心血来潮，想要给自己种点白菜吃。她找来一把锄头，努力地挖啊挖，终于挖出一个土坑。欢欢累得满头大汗，但心里十分高兴。

到了晚上，月亮姐姐都呼呼大睡了，欢欢还待在菜园子里。她提着一个小篮子，一边走一边播撒种子。

不久之后，种子长成了菜苗，欢欢每天早晨都会去菜园子里给小菜苗浇水，太阳公公看到了，露出了欣慰的笑容。

终于有一天，小菜苗长成了大白菜，欢欢高兴极了，连忙找来一辆小推车，把大白菜都运回家。她心里想：劳动真快乐！

参考文献

［1］温儒敏，陈先云总主编；柯孔标，凌虹，陈燕分册主编.统编小学语文教科书教学设计与指导·一年级下册［M］.上海：华东师范大学出版社，2020.

［2］人民教育出版社　课程教材研究所小学语文课程教材研究开发中心编著.义务教育教科书教师教学用书·语文一年级下册［M］.北京：人民教育出版社，2020.

［3］赵国庆主编.思维可视化［M］.北京：北京师范大学出版社，2016.

深圳市南山区荔香学校　徐旖旎

寓言故事单元整体教学设计

——以二年级（上册）第五单元为例

单元文体整体解读

一、寓言故事单元教学定位分析

寓言，就是在一个言简意赅的比喻性故事中，寄托意味深长的道理，达到规劝、讽刺的目的。对于世界观、人生观、价值观尚未形成的小学生来说，简短、有趣的寓言故事可以潜移默化地浸润孩童心灵，帮助孩童形成正确的价值观。

二年级上册第五单元围绕"思维方法"这个主题，编排了《坐井观天》《寒号鸟》《我要的是葫芦》三篇寓言课文，可以细分为"动物寓言"——《坐井观天》《寒号鸟》，"人物寓言"——《我要的是葫芦》。其语文要素是"初步体会课文讲述的道理"以及"感受和体会课文中语言表达的多样性，学习表达"。

《坐井观天》蕴含的道理是，看待问题要全面；《寒号鸟》蕴含的道理是，做事情不能只看眼前，要早做安排；《我要的是葫芦》蕴含的道理是，看问题要注意事物之间的关联。

《义务教育语文课程标准》（2011年版）第一学段（1—2年级）在阅读目标中提到，学生应该"阅读浅近的童话、寓言、故事，向往美好的情境，关心自然和生命，对感兴趣的人物和事件有自己的感受和想法，并乐于与人交流"。因此，体会人物形象，训练语言表达，重视儿童阅读感受，是本单元寓言教学过程中应重点关注的。

本单元寓言教学的策略：①感受形象，抓住故事中刻画主角形象的语言，如神态、动作、心理等描写，分析故事中的人物对话等，多角度感受故事所呈现的主角形象；②培养思维，通过概括情节、填补空白、想象结局等，培养学生的发散性思维或逆向思维；③揭示寓意，揭示寓意不能停留在故事层次，而是要结合生活实际，将寓言故事和学生的生活感受联系起来，迁移理解，明确道理；④训练表达，能对寓言中的人物观点提出自己的见解，并与同伴分享。

二、寓言故事单元整体教学目标及分解目标

表1　寓言故事单元整体教学目标及分解目标

单元目标	课文	分解目标
在完成识字写字的基础上，熟练朗读课文；根据T型图，梳理寓言故事中的核心争论点及不同人物的观点；能联系生活实际，初步体会课文讲述的道理；能结合课后习题，感受和体会语言表达的多样性，学会表达	《坐井观天》	认识"沿、答"等9个生字，会写"井、观"等8个生字；分角色朗读课文，读懂青蛙和小鸟的三次对话，并体会寓言故事蕴含的道理；发挥想象，读写结合，续编故事
	《寒号鸟》	认识"缝、堵"等15个生字，会写"面、阵"等8个生字；分角色朗读课文，并理解喜鹊和寒号鸟不同遭遇所蕴含的道理；联系生活，读写结合，写写"生活中的喜鹊/寒号鸟"
	《我要的是葫芦》	认识"葫、芦"等11个生字，会写"棵、谢"等8个生字；能流利朗读课文，重点体会陈述句、反问句、感叹句的不同语气及表达效果，并体会寓言故事蕴含的道理；读写结合，写写"我想对种葫芦人说"

三、寓言故事单元"读写力提升"进程表

二上第五单元以"寓言故事"为主要体式，随文依次展开以下教学（见表2）。

表2　寓言故事单元教学内容及侧重点

教学内容	教学侧重点
感受形象 培养思维 揭示寓意 读写结合	《坐井观天》重点读好青蛙和小鸟的三次对话，体会"坐井观天"的寓意。 《寒号鸟》重点读好喜鹊和寒号鸟的对话，并联系生活实际。 《我要的是葫芦》重点体会反问句、感叹句的表达特点，懂得事物之间互相联系的道理

四、寓言故事"读写力提升"助力工具——T型图

T型图，是最常见的，也是最清晰易懂的一种对比图，仅由两部分组合而成，像走秀T台一样呈现"T"字状划分，也是进行比较性思维训练最简单的工具了。T型图可以帮助学生把课文内容进行梳理、对比。当学生学会用比较的眼光去阅读文章时，对文章的人物形象、寓意等理解也会更加全面深入。

T型图对于本单元寓言故事"阅读力提升"的作用有以下几点：

（1）能够聚焦寓言故事中人物的核心争论点。如《坐井观天》的核心争论点是：天到底有多大？《寒号鸟》的核心争论点是：天晴时做不做窝？《我要的是葫芦》的核心争论点是：叶子上长了蚜虫，要不要治？也引发学生对争论话题的思考，情景代入，进行发散性思维训练，表达看法，加深对故事情节和人物的理解。

（2）T型图能够简单明了地将故事中的人物形象进行对比呈现，感受不同的人物性格。如《坐井观天》中"青蛙"和"小鸟"的对比；《寒号鸟》中"喜鹊"和"寒号鸟"的对比；《我要的是葫芦》中"种葫芦人"和"邻居"的对比。

（3）T型图能够帮助学生进行比较性思维训练。本单元围绕"思维方法"这个主题，编排了《坐井观天》《寒号鸟》《我要的是葫芦》三篇寓言课文，T型图正好能够在对比梳理中，更好地体会到寓言故事中不同人物的思维方式、行为方式，帮助学生形成正确的思维方式。

T型图对于本单元寓言故事"写作力提升"有以下作用：

（1）通过T型图，聚焦故事核心争论点后，围绕争论点进行思考，并联系生活实际，写下自己的看法，如写"生活中的喜鹊/寒号鸟"。

（2）通过T型图，更清楚地把握故事人物形象后，能针对形象，写下感想，如写"我想对种葫芦人说"；或揣摩人物的心理，如写"《坐井观天》续编"。

总之，T型图将事物进行对比分析的特点，非常适合本单元寓言故事读写图式的可视化呈现。

第二板块　单篇读写教学设计及学生习作

《坐井观天》教学设计

一、文本解读

《坐井观天》是根据《庄子·秋水》改写的一则寓言故事。课文通过青蛙和小鸟的三次简短对话，讲述了一个寓意深刻的故事：小鸟飞落在井沿上，围绕"天到底有多大"这个话题，跟青蛙展开了争论。小鸟认为天很大、无边无际，青蛙由于常年待在井底，认为天只有井口那么大。通过刻画"井底之蛙"这一形象，揭示了一个道理：站得高才看得远。认识事物、看待问题，不能片面，也讽刺了生活中眼界狭小却又盲目自大的人。

二、教学重难点

（1）读好青蛙和小鸟的三次对话。

（2）体会"坐井观天"的寓意。

三、教学设计

第 1 课时

（一）激趣导入，练写"井、观"

板贴"青蛙""小鸟"图片，这两个小动物之间会发生什么故事呢？

（二）读故事，初通文意

（1）教师范读故事。

（2）学生默读，圈画关键词，同桌互读。

（3）理清故事脉络，找出相关故事人物，根据关键词进行复述。

（三）品故事，感知"青蛙"和"小鸟"的形象

（1）读好小鸟和青蛙的前两次对话，随文识字。

（2）教师在黑板上画T型图，学生口头回答T型图上的"争论话题"以及小鸟和青蛙的不同说法。

（四）书写指导

教师指导学生练习书写。

第 2 课时

（一）读好小鸟和青蛙的第三次对话

（1）带动作读，揣摩人物神情，如演示青蛙的同学"抬起头"读青蛙的话。

（2）揣摩青蛙和小鸟"笑"的不同意味。

（3）教师在黑板上画T型图，学生口头回答T型图上小鸟和青蛙的不同说法，概括小鸟和青蛙的不同形象。

（二）创编对话，拓展思维

（1）想象对话，青蛙和小鸟还会继续说些什么？

（2）想象结局，青蛙最终有没有听从小鸟的劝说，离开井底？

（三）感悟寓意，联系实际

（1）讨论"坐井观天"的寓意是什么？

（2）联系生活，说说生活中有没有像"青蛙"一样眼界狭小、自以为是的人？

（四）书写指导

作业：发挥想象，完成习作"《坐井观天》续编"。

四、板书设计

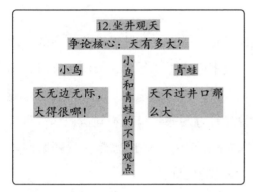 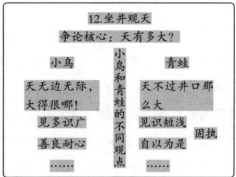

五、学生习作

《坐井观天》续写

二（3）班　李承骏

青蛙鼓起勇气，它跳出井口，看到了无边无际的天，惊讶极了。青蛙对小鸟说："我好想去看看其他地方呀。"小鸟背着青蛙飞上了天空，飞呀飞，飞到了中外闻名的黄山风景区，看见了"仙桃石""狮子抢球"……飞呀飞，飞到了风光秀丽的日月潭，还飞到了葡萄沟，尝到了最甜的葡萄。青蛙说："谢谢你，朋友，让我大开眼界，让我看到了美不胜收的风景。"

《坐井观天》续写

二（3）班　周热娜

小青蛙听了小鸟的话，决定自己去看看，是不是真如小鸟说的那样。

小青蛙从井里跳出来后，它看见了无边无际的天空、浩瀚的大海、无边的森林和广阔的草原，小青蛙顿时感觉自己和小鸟辩论时是多么地自以为是。于是它对小鸟说："我应该早点听你的，是我看待事物时太片面。"小鸟说："你有勇气面对自己的短处，正视缺点，肯用自己的行动来证明，不继续做一只故步自封的青蛙，是知错就改的好青蛙！"

《寒号鸟》教学设计

一、文本解读

《寒号鸟》是根据元末明初文学家陶宗仪撰写的《南村辍耕录》中的片段改写而成，是一则流传广泛的民间故事。故事讲述了寒号鸟在天气暖和时，不听喜鹊的多次劝告，整天窝在石头缝里睡大觉，最后寒冬腊月时冻死在石崖缝里的故事。通过对比勤劳能干的喜鹊和得过且过的寒号鸟的不同遭遇，故事告诫人们，美好的生活是需要靠勤奋的劳动来创造的。好逸恶劳，只顾眼前享乐，不做长远打算和安排的人，将会付出惨重的代价。

二、教学重难点

（1）分角色朗读课文，体会人物形象。
（2）联系生活实际，理解故事寓意。

三、教学设计

第1课时

（一）激趣导入，了解寒号鸟资料

教师讲述故事。很久以前，有一只小动物住在石崖缝里，每到冬天就哀嚎，这只小动物是谁？为什么哀嚎？（出示寒号鸟资料）

（二）初读课文，了解大意

（1）教师范读，学生听读并正音，学习生字词。
（2）学生自由读课文，并圈画主要人物及关键词。

（3）学生围绕关键词复述故事内容。

（三）品味课文，对比喜鹊和寒号鸟的不同行为

（1）用横线和波浪线分别标出喜鹊和寒号鸟在冬天来临前的做法。

（2）教师在黑板上画T型图，学生口头回答T型图上的"争论话题"及列举对比喜鹊和寒号鸟的不同做法。

（四）书写指导

教师指导学生练习书写。

第 2 课时

（一）学习寒号鸟和喜鹊的两次对话

（1）揣摩并读出喜鹊和寒号鸟的不同语气（喜鹊的"苦口婆心"，寒号鸟的"轻视嘲笑"），体会寒号鸟的"得过且过"。

（2）在T型图上补充人物不同性格特点。

（二）找出寒号鸟的两次哀嚎

（1）理解"哀嚎"，感受寒号鸟的"好逸恶劳"以及"自食恶果"。

（2）思考，为什么喜鹊住在温暖的窝里，寒号鸟最后却冻死了。

（三）拓展想象，练习表达

（1）寒号鸟临死前，可能在想什么？

（2）寒号鸟冻死后，喜鹊可能说些什么？

（四）感悟寓意，联系实际

（1）总结故事寓意。

（2）结合课后练习题，思考：生活中是否见过喜鹊或寒号鸟这样的人，说一说他/她的小故事。

（五）书写指导

作业：结合实际，写写"生活中的喜鹊/寒号鸟"。

四、板书设计

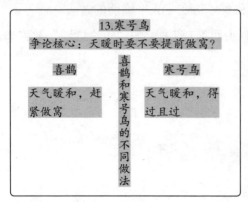 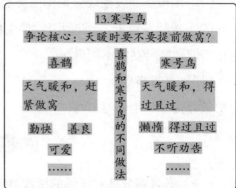

五、学生习作

"寒号鸟"爸爸

二（3）班　任宣睿

在生活中，我也见过这样的人，那就是"寒号鸟二号"——我的爸爸！

我爸爸公司所在的部门，每隔一段时间就要他给大家讲课。而他离讲课两周时不做PPT，很懒。离讲课还有一周的时候，他一心想着一定要开始学习准备材料，结果又在玩游戏。离讲课还有两天甚至一天都不到的时候，爸爸才开始临阵磨枪，通宵达旦地准备材料。

唉！这就是我的"寒号鸟"爸爸。

我的"喜鹊"爸爸

二（3）班　陶雨菲

生活中，我的爸爸就像故事中的喜鹊一样勤奋、努力、上进。

我的爸爸是一名研发工程师，他白天努力工作，晚上回家坚持看书学习，经过自己的努力，爸爸考上了研究生。爸爸经常跟我说："努力，才能成为更好的自己。"爸爸每天都坚持运动、学习。

我的爸爸是我的榜样！

《我要的是葫芦》教学设计

一、文本解读

《我要的是葫芦》这篇课文按照事情发展顺序，以葫芦的生长变化为线索，讲种葫芦人只想得到葫芦，不听邻居劝告，不治理蚜虫，最后葫芦都落了的故事。这个故事告诫人们：事物之间是有联系的，整体和局部是密不可分的。如果片面地看待事物，不着眼全局，最后只会竹篮打水一场空，一无所获。

这篇文章语言朴实，用词精准。如"长满了绿叶"的"满"，"藤上挂了几个小葫芦"的"挂"，"盯着小葫芦"的"盯"。另外，句式方面，重点学习感叹句和反问句。

二、教学重难点

（1）体会反问句、感叹句的表达特点。

（2）理解文意，懂得整体和局部的关系、事物之间互相联系的道理。

三、教学设计

（一）初读课文，理解大意

（1）教师范读课文，标记自然段。

（2）学生自由朗读课文，教师相机正音，随文识字。

（二）对比学习，找出葫芦的生长变化

（1）用横线画出表示葫芦生长状态的句子，并朗读。

（2）探究葫芦和蚜虫之间的联系。

（三）学习第三自然段，找出种葫芦人和邻居的对话

（1）指导学生读好感叹句和反问句，体会句式的表达效果。

（2）教师在黑板上画T型图，学生口头回答T型图上的"争论话题"以及种

葫芦人和邻居的不同看法。

（四）书写指导

教师指导学生练习书写。

第 2 课时

（一）回顾课文，体会种葫芦人的心情

找出描写种葫芦人心情的相关语句，体会种葫芦人对葫芦的喜爱。

（二）发散思维，想象空白

（1）种葫芦人不听劝告时，邻居心里可能想些什么？

（2）种葫芦人看到小葫芦都落光后，可能会怎么说，怎么做？

（三）感悟寓意，练习表达

（1）总结故事寓意。

（2）结合课后练习题，思考：种葫芦人想要葫芦，为什么最后却一个也没得到？你会想对种葫芦人说些什么？

（四）书写指导

作业：结合对课文的理解，写写"我想对种葫芦人说"。

四、板书设计

36

五、学生习作

我想对种葫芦的人说

二（3）班　林洽铭

我想对种葫芦的人说，叶子可以进行光合作用，可以给果实养分，如果叶子被蚜虫啃过就不能正常进行光合作用了，葫芦就会慢慢地变黄，最后一个个落下来。所以，你一定要多读点书，才能知道这些知识。

我想对种葫芦的人说

二（3）班　陶雨菲

种葫芦的人，我想对你说：唇亡齿寒，做事情不能只看结果，要一步步把它做好，才能有好的结果，叶子上都有蚜虫了，只有除掉蚜虫，葫芦才能长得更好呀，亡羊补牢，为时不晚，赶紧除掉蚜虫，就可以结葫芦了。

深圳市南山区荔香学校　欧阳晓珊

童话故事单元整体教学设计

——以二年级（下册）第七单元为例

单元文体整体解读

一、童话故事单元教学定位分析

童话，指的是通过丰富的想象，采用夸张、拟人等手法，来塑造艺术形象，反映生活，促进儿童思想性格成长的一种儿童文学作品。小学语文教材中，多是把大自然、动植物、物品等拟人化，赋予其人的言行举止和思想感情，主要可以分为两大类：一类是动植物童话，如《棉花姑娘》《大象的耳朵》《在牛肚子里旅行》等；一类是人物童话，比如《卖火柴的小女孩》。二下第七单元选取的四篇课文均为"动植物童话"。

本单元围绕"改变"这一人文主题，选编了《大象的耳朵》《蜘蛛开店》《青蛙卖泥塘》《小毛虫》四篇童话。童话虽然是拟人的幻想故事，但也是基于现实创作而成，有趣的故事背后是真实的现实和人生。教学过程中，应引导学生体会感悟每个童话故事背后蕴含的道理。特别是《大象的耳朵》和《小毛虫》两篇童话，寓意更加深刻，文中也有含义深刻的句子，需要学生结合实际，好好揣摩。

结合本单元的语文要素——"借助提示讲故事""提取关键信息的能力"，本单元童话故事教学策略为：①感受人物形象，童话故事的核心就是塑造出栩栩如生的人物形象，童话教学时，要引导学生贴近故事人物，揣摩其心理，感受人物的性格、形象；②结合提示讲故事，根据课后习题的指引，《大象的耳朵》和《小毛虫》要求借助关键句子讲故事，《蜘蛛开店》要求借助示意图讲故事，《青蛙卖泥塘》要求借助关键事件讲故事；③体会言语形式，《大象的耳朵》《蜘蛛开店》《青蛙卖泥塘》三篇童话用反复的情节和语言进行叙述，《小毛虫》则是以小毛虫从抽丝作茧到破茧成蝶的变化推进情节，按照事物的发展顺序进行叙述；④读写结合，激发想象力，低段学生正处于激发、培养想象力的黄金时期，利用童话续编、填补故事空白、仿写童话故事等口头或书面表达，可以锻炼学生的故事想象力。

二、童话故事单元整体教学目标及分解目标

表1　童话故事单元整体教学目标及分解目标

单元目标	课文	分解目标
感受人物形象；理解关键词句，把握故事大意；利用流程图，梳理故事情节，结合图示讲故事；体会童话故事的言语形式；读写结合，激发想象力	《大象的耳朵》	认识"奔、咦"等7个生字，会写"扇、慢"等8个生字； 利用流程图梳理故事，发现"反复"结构； 找到关键词句，画出大象的话，说说大象的想法是怎么改变的，结合关键句子讲故事； 理解"人家是人家，我是我"，并仿写童话故事
	《蜘蛛开店》	认识"店、蹲"等15个生字，会写"店、决"等9个生字； 利用流程图，梳理故事情节，结合图示讲故事； 学习续编故事
	《青蛙卖泥塘》	认识"卖、烂"等14个生字，会写"蛙、卖"等8个字； 朗读课文，分角色表演读课文； 利用流程图，梳理故事情节； 读写结合，想象其他小动物说了什么
	《小毛虫》	会认"昆、怜"等15个生字，会写"整、抽"等8个字； 利用流程图，结合关键句讲故事； 理解"每个人都有自己该做的事情"，并仿写故事

三、童话故事单元"读写力提升"进程表

二下第七单元以"童话故事"为主要体式，随文依次展开以下教学（见表2）。

表2　童话故事单元教学内容及教学侧重点

教学内容	教学侧重点
梳理故事情节； 感受人物形象； 体会言语形式； 理解故事含义； 训练读写结合	《大象的耳朵》重点是能借助大象的话，说清楚大象的想法如何改变。 《蜘蛛开店》重点是能根据示意图完整地复述故事。 《青蛙卖泥塘》重点是能结合流程图，梳理青蛙做了哪些事，结果怎么样。 《小毛虫》重点是结合流程图，把握文章按"小毛虫生长顺序"叙述的写作规律，并结合图示复述故事

四、童话故事"读写力提升"助力工具——流程图

流程图，是对流程、算法的一种图示，在技术设计、商业交流等领域应用广泛，比如文件流程图、数据流程图、系统流程图、程序流程图等。流程图包含一系列由箭头连接的方框，可以水平或垂直绘制，用来表示一件事情的流程，表示这件事的逻辑顺序或者步骤顺序。

语文教学领域，也逐渐流行应用各种图示，一是阅读时可以梳理、提取关键信息，直观把握文章大意；二是写作时可以借助各种思维图示，建构框架、理清思路、发散思维。赵国庆主编的《思维可视化》一书便列举了八大图示法，用来提升思维训练。

流程图对于本单元童话故事"阅读力提升"的作用有以下两点：

（1）直观地把握故事结构。本单元课文中，《大象的耳朵》《蜘蛛开店》《青蛙卖泥塘》三篇童话都运用了"反复"的叙事结构，如《大象的耳朵》，小兔子、小羊、小鹿等小动物纷纷质疑大象的耳朵为什么是耷拉下来的，让大象感到不安，每次情节、对话都是类似的；《蜘蛛开店》中，蜘蛛开了商店后，织口罩却遇到大嘴河马，织围巾却遇到长颈鹿，织袜子却碰到多脚的蜈蚣，一样的难缠客户，一样的劳累不堪；《青蛙卖泥塘》中，老牛、野鸭、小鸟等小动物，每次都对青蛙的泥塘提出新要求，同样都是对泥塘感到不满意，每次都激发了青蛙动手改造泥塘环境的动力。"反复"的语言形式符合低段学

生的言语认知水平。使用流程图，可以让学生更直观地感受到这种反复的情节结构。《小毛虫》按照事物生长规律进行描写叙述，使用流程图，可以让学生直观地把握文章层层推进、按顺序描写的写作规律。流程图图示的使用，为助力学生言语成长提供了"脚手架"。

（2）便于学生依照图示复述故事。低段学生在复述故事时，容易出现的毛病，一是不懂得删减修饰性语言、次要信息，而是照搬课文，复述时非常冗长，不能抓住关键词关键句简要复述；二是容易遗漏重要情节，故事复述不够完整。采用流程图，可以帮助学生提取关键情节、关键词句，理清文章的层次结构，复述时有了"支架"，可以简要、完整地把故事讲清楚。

流程图对于本单元童话故事"写作力提升"的作用有以下两点：

（1）帮助学生发现写作密码。在利用流程图梳理课文的过程中，学生可以更直观地把握文章的写作密码。比如本单元童话故事中的"反复"结构，或是写作顺序等。在仿写故事的时候，就可以运用习得的写作密码，比如创编一则含有"反复"结构的童话，仿写一则寓意相同的故事等。

（2）帮助学生拟定写作框架。写作的过程，不仅仅是语言的表达、修饰，更重要的是如何组织、思考，学生应该清楚先写什么，后写什么，而不是"脚踩西瓜皮——滑到哪里算哪里"。借用流程图，学生可以提前拟好文章的大纲，理清楚写作的思路，这也是训练和培养学生写作思维的过程。

第二板块　单篇读写教学设计及学生习作

《大象的耳朵》教学设计

一、文本解读

《大象的耳朵》讲述了大象由于遭到小兔子、小羊、小鹿、小马等小动物对自己耳朵的质疑，想办法让耳朵撑起来，却给自己带来诸多不便，最后还是让耳朵耷拉着的故事。故事告诉人们一个道理，"人家是人家，我是我"。每个人都是独立的个体，要学会接受自己。另外，对别人的说法，要保持清醒的头脑，善于思考、分辨，而不是盲目听从。结构方面，本篇文章按照事情起因、经过、结果的顺序层层推进，故事脉络清晰。语言方面，全文浅显易懂，对话形式简洁清晰。

二、教学重难点

（1）能借助大象的话，说明大象的想法是如何改变的。

（2）理解"人家是人家，我是我"。

三、教学设计

第1课时

（一）初读课文，认读字词

（1）板贴大象、兔子、小羊、小鹿、小马、小老鼠的耳朵，说说不同。

（2）学习生字词。

（二）梳理流程图，练习复述故事

（1）听教师范读课文。

（2）学生自由朗读课文。

（3）教师在黑板上画流程图，学生口头补充关键信息，共同完成流程图。

（4）根据流程图，梳理故事情节，并借助图示和关键词句讲故事。

（三）发现"反复"结构

（1）对照流程图，发现情节相似的地方，发现故事包含的"反复"结构。

（2）讨论情节相似和不同之处，进一步认识"反复"结构。

（四）书写指导

教师指导学生练习书写。

第 **2** 课时

（一）分角色朗读课文

（1）找出故事人物，并用横线画出人物说的话。

（2）分角色朗读课文，指导学生读好不同的语气。

（二）感受大象想法的改变

（1）画出文中大象的话，并请学生朗读。

（2）说说大象的想法有什么改变。

（三）理解"人家是人家，我是我"

结合生活实际，谈谈"人家是人家，我是我"。

（四）书写指导

作业：结合生活实际，理解"人家是人家，我是我"，根据你的理解，仿照课文，创编一则童话。

四、板书设计

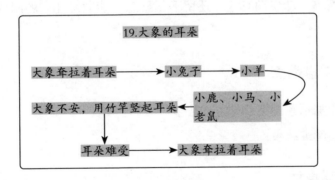

五、学生习作

小猪的酒屋

二（3）班　陶雨菲

小猪一家居住在森林的小镇上，经营着一家爸爸妈妈留给它的小酒屋。

小酒屋开了好多年了，森林里的小动物们，习惯了每天下班后到小酒屋喝上几杯，缓解一天的疲劳。日复一日，年复一年，有一天，小镇上新开了另一家酒屋，是小狐狸开的，酒的价格只有小猪的酒的一半。没过几天，很多老顾客都去光顾小狐狸的酒屋了，小猪酒屋的生意越来越差，小猪的朋友们劝小猪用差些的原材料来酿酒，这样可以降低酒的价格，但是，都被小猪拒绝了，小猪说："人家是人家，我是我。"

没过多久，很多在小狐狸酒屋喝酒的顾客，身体都出现了各种问题，经过大象医生的检查，是酒的质量有问题，小狐狸的酒屋被关闭了。

小猪酒屋的生意比以前更好了，小猪的口头禅是：人家是人家，我是我。

《蜘蛛开店》教学设计

一、文本解读

《蜘蛛开店》是鲁冰写的一篇童话故事，叙述了一只蜘蛛因为无聊寂寞，发挥自己的特长，开了一家纺织商店，却连续三次遇到困难的经历。故事蕴含的道理是：要根据现实情况，及时调整计划，做出改变。故事包含"反复"的结构，情节简单，却生动有趣，还留下了悬念，能激发儿童的阅读兴趣和表达欲望。

二、教学重难点

（1）能根据示意图完整地复述故事。
（2）学会续编故事。

三、教学设计

（一）揭示课题，引发讨论

（1）蜘蛛开店，会开什么店呢？
（2）想想故事会怎么讲？

（二）初读课文，认识字词

（1）教师范读课文。

（2）学生自由朗读。

（3）教师在黑板上画出流程图，学生口头补充信息。

（4）对照流程图，梳理梳理故事情节，结合图示讲故事。

（三）了解蜘蛛开店的原因及过程

（1）了解蜘蛛开店的原因，结合动词"蹲、等"，体会蜘蛛的心理。

（2）了解蜘蛛开店的三次经历。

（四）书写指导

教师指导学生练习书写。

第 2 课时

（一）根据流程图，回顾课文

（1）朗读课文。

（2）根据流程图，回顾蜘蛛开店的三次经历。

（二）讨论蜘蛛开店失败的原因

（1）找出蜘蛛开店分别遇到哪些顾客、哪些困难。

（2）讨论蜘蛛开店失败的原因。

（3）谈谈对蜘蛛的建议。

（三）展开想象，续编故事

小组讨论：蜘蛛遇到第三个顾客蜈蚣后，会怎么做呢？蜘蛛开店的结局可能是什么？

请小组代表发言，教师点评并总结。

（四）理解故事寓意

结合实际，谈谈"蜘蛛开店"故事背后的寓意：做任何事情，都要学会灵活变通，根据现实情况及时调整计划，做出应变。

（五）书写指导

作业：蜘蛛看到四十二只脚的蜈蚣后，吓得匆忙跑回网上。接下来会发生什么事呢？展开想象，进行故事续编。

四、板书设计

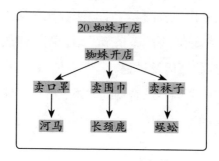

五、学生习作

《蜘蛛开店》续写

二（3）班　宁悦微

蜈蚣找到逃跑的蜘蛛说："蛛妹妹，我的袜子你啥时候织好啊，做生意要讲诚信啊。袜子钱我已经微信付给你了。"蜘蛛极不情愿地说："蜈蚣哥哥，我会尽快织好给你。"

蜘蛛不分昼夜，废寝忘食，花了一个月的时间终于织好了42只袜子。蜘蛛累得趴在网上一动不动。这时，蜘蛛的妈妈来了对蜘蛛说："小蛛蛛，有些事情看上去简单，做起来其实不简单。我们要踏踏实实，才能把事情做好。纺织是我们的特长，现在新冠肺炎疫情严重，大家都需要口罩，口罩可以继续卖呀。"

蜘蛛认真地思考了妈妈的提议，茅塞顿开。第二天蜘蛛店门口的招牌写着：围巾、口罩、袜子大号10元，小号2元。

现在，蜘蛛的小店生意很好。蜘蛛再也不会寂寞，无聊了。

《蜘蛛开店》续写

二（3）班　林洽铭

蜘蛛想：还是织毛衣吧！

第二天，蜘蛛的招牌又换了，上面写着："毛衣编织店，每位顾客只需付一元钱。"

　　顾客来了,只见鼻子不见尾。蜘蛛后退几步一看,原来是一头大象,大象说:"我要买三件毛衣,我一件,我的爸爸妈妈各一件。"蜘蛛织得筋疲力尽,整整三个月才织出来。

　　蜘蛛不想开毛衣编织店了,因为太累了。它绞尽脑汁,又想出了一个店:"专业捕蚊一亿年,每位顾客只需付一元钱。"

　　又有顾客上门了,这次是一头水牛,它说:"我家里有好多蚊子,快帮帮我吧!""放心!"蜘蛛说道。

　　蜘蛛在水牛家里布下了天罗地网,它接二连三捉到了不少蚊子。最后,蜘蛛把水牛家的蚊子全部清理干净了。水牛特别感谢蜘蛛。

　　蜘蛛想:我开这个店不是挺好的吗,以后就做这个职业吧!

《青蛙卖泥塘》教学设计

一、文本解读

　　《青蛙卖泥塘》讲述了一只青蛙在卖泥塘的过程中,听取了老牛、野鸭、小鸟、小兔、小猴、小狐狸等动物们的意见后,不断改造泥塘环境,将一个烂泥塘改造成有花、有草、有树、有水塘、有道路、有房子等的好地方。故事包含"反复"结构,情节简单重复,却生动有趣。故事蕴含的道理是:辛勤劳动可以带来美好的生活。

二、教学重难点

　　(1)能结合流程图,梳理青蛙做了哪些事,结果怎么样。
　　(2)读写结合,想象其他小动物说了什么。

三、教学设计

第 **1** 课时

（一）初读课文，学习生字

教师范读课文；学习生字词；学生自由朗读。

（二）梳理故事情节

（1）教师在黑板上画流程图，学生口头补充。

（2）根据流程图，练习复述故事。

（三）再读课文

（1）画出青蛙和小动物们的话，分角色读好对话。

（2）说说青蛙为了卖泥塘，做了多少事情，讨论青蛙的行为和性格。

（四）书写指导

教师指导学生练习书写。

第 **2** 课时

（一）根据流程图，回顾课文情节

（1）学生自由朗读课文。

（2）教师出示流程图，学生简要概括故事情节。

（二）对比开头和结尾，探究课文情节

（1）朗读第一段和最后两段。

（2）对比故事的开头和结尾，说说青蛙为什么不卖泥塘了。

（3）说说青蛙改变决定的原因，由此引发的启发。

（三）发挥想象，填补空白

小组讨论：参考老牛、野鸭对池塘的评价，想象小鸟、蝴蝶、小兔、小猴、小狐狸会说些什么呢？

学生代表发言，教师点评。

（四）揭示寓意，训练表达

（1）讨论故事想要说明什么道理？

（2）结合生活实际，说说你想要做出的某种改变。

（五）书写指导

作业：本篇课文采取"详略结合"的写法，详写老牛、野鸭对池塘的评价，略写小鸟、蝴蝶、小兔、小猴、小狐狸跟青蛙的对话。当时小动物们是怎样说的呢？发挥想象，填补空白，想想小动物们会说些什么。仿照课文，创编一则《青蛙卖泥塘》。

四、板书设计

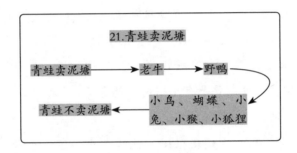

五、学生习作

青蛙卖泥塘

二（3）班　陈瑾萱

青蛙住在烂泥塘里，它不喜欢这个破破烂烂的泥塘，它决定把泥塘卖掉，搬到城市住。

小鸟扑腾着翅膀飞来了。青蛙问："嗨，小鸟，要不要买我的泥塘呀？"小鸟说："这里缺点树，要是有树的话就好了，这样我就可以在翠绿翠绿的树上筑巢了。"

这时，蝴蝶跳着优美的舞蹈过来了。青蛙问："蝴蝶小姐，要买我的泥塘吗？"蝴蝶说："这儿是挺不错的，要是能种点花就更好了，这样我就能饱餐一顿了。"

小兔又蹦又跳地跑来了。青蛙问："小兔小兔，要买我的泥塘吗？"小兔说："这缺条路，如果铺条路的话，我就可以沿着路到繁华的城市里了。"

顽皮的小猴跑来了。青蛙说："要不要买我的泥塘啊？"小猴说："这里应该盖所房子，这样我就可以在房子里安装家具，还可以摆上我最喜欢吃的香蕉。"

小狐狸大摇大摆地走了过来。青蛙问："要不要买我的泥塘啊？"小狐狸说："要是有围栏就好了，危险来了，这个围栏可以保护我。"

青蛙听了大家的话，栽了树，种了花，铺了路，盖了房子，还修了围栏，干完这些事情，青蛙发现泥塘美丽极了，它再也不想卖啦！

青蛙卖泥塘

二（3）班　李承骏

一只小鸟飞来了，看了看泥塘，说："半亩方塘一鉴开，天光云影共徘徊。这地方真不错，不过，要是有几棵树，就好了。"

小鸟没有买泥塘，飞走了。

青蛙想，要是在泥塘边栽几棵树，就能卖出去了。于是，它移来了柳树苗，栽种在泥塘边。

小树慢慢地长大了，小青蛙又站在牌子旁边，大声吆喝起来："卖泥塘喽，卖泥塘！"

一对蝴蝶飞来了，看了看泥塘，说："草长莺飞二月天，拂堤杨柳醉春烟。这地方生机勃勃，就是没有花丛，太可惜了。"

蝴蝶不想买泥塘，也飞走了。

青蛙想，要是在泥塘边种满鲜花，就能卖出去了。于是，它买了各种各样的花籽，撒在泥塘周边的地里。

春天到了，百花齐放。小青蛙又站在牌子旁边，大声吆喝起来："卖泥塘喽，卖泥塘！"

一只小兔跑来了，看了看泥塘，说："迟日江山丽，春风花草香。这里风景如画，可是，池塘边没有道路，去城里太不方便了。"

小兔没有买泥塘，蹦蹦跳跳地离开了。

青蛙想，要是在泥塘边修条路，就能卖出去了。于是，它找来了工具，开始修路。

宽阔的道路修好了，一直通向城里。小青蛙又站在牌子旁边，大声吆喝起来："卖泥塘喽，卖泥塘！"

一只小猴跑来了，看了看泥塘，说："胜日寻芳泗水滨，无边光景一时新，等闲识得东风面，万紫千红总是春。这里真是太美了，但是呢，缺了一座房子。"

小猴也没有买泥塘，摇摇头，便走了……

《小毛虫》教学设计

一、文本解读

《小毛虫》是意大利达·芬奇创作、张复生翻译的一篇科学童话，讲述了一条小毛虫从抽丝作茧到破茧成蝶的过程，写小毛虫的所作所为、所思所想。故事按照小毛虫的生长状态顺序描写，文笔细腻，语言富有美感。故事蕴含的道理是，做任何事情都要竭尽全力，耐心等待，终究会迎来一个美好的结局。

二、教学重难点

（1）结合流程图，把握文章按"小毛虫生长顺序"叙述的写作规律，并结合图示复述故事。

（2）理解"每个人都有自己该做的事情"，并仿写故事。

三、教学设计

第❶课时

（一）图片导入，引出课题

（1）板贴毛毛虫和蝴蝶的图片，让学生说说自己的了解。

（2）揭示课题。

（二）初读课文，学习生字

（1）教师范读课文。

（2）学习生字词。

（3）学生自由朗读课文。

（三）根据流程图，梳理故事情节

（1）教师在黑板上画流程图，学生口头补充信息，共同完成流程图。

（2）学生根据流程图，复述故事内容。

（四）再读课文，了解小毛虫的成长变化

（1）用横线把描写小毛虫生长变化的词语画出来。

（2）讨论这是一只什么样的小毛虫。

（五）书写指导

教师指导学生练习书写。

第2课时

（一）根据流程图，回顾故事

教师出示流程图，学生简要概括故事情节。

男女生分段朗读课文。

（二）感受小毛虫的心理

（1）谈谈小毛虫在各个生长阶段的行为及心理想法。

（2）理解关键句"每个人都有自己该做的事情""万事万物都有自己的规律"。

（三）角色代入，加深感悟

（1）如果你是这只毛毛虫，看着别的昆虫蹦跳嬉戏，你会想什么？

（2）如果你是这只毛毛虫，待在厚厚的茧屋中时，你的心情会如何？

（3）如果你是这只毛毛虫，破茧成蝶，飞向蓝天时，你会想什么？

（四）揭示寓意，升华感悟

（1）讨论并理解故事蕴含的深意：做任何事情都要竭尽全力，耐心等待，终究会迎来一个美好的结局。

（2）结合实际，谈谈什么时候，你有过跟毛毛虫类似的体验及心情？

（五）书写指导

作业：小毛虫认为，"每个人都有自己该做的事情"。你是怎样理解这句话的？结合你的理解，仿照课文，创编一则童话。

四、板书设计

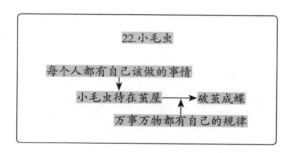

五、学生习作

自己该做的事情

二（3）班　陈瑾萱

有一只小蜜蜂在花丛中辛苦地采蜜。百花齐放的花园里，螳螂在用"青龙偃月刀"跟对方决斗，蝴蝶在开舞蹈大会，蚱蜢在比跳远……只有它，这只小蜜蜂，不能和其他昆虫一起玩。

它飞呀飞，一直在看着玩乐的小昆虫们，但是，它一点都不羡慕，因为它知道：每个人都有自己该做的事情，它现在该做的，就是去采花蜜，准备过冬。

于是，它从早忙到晚，一刻都没有停歇。它终于筑好了自己的蜂巢，还有足够的食物过冬。它一点也不觉得累，它知道：有志者事竟成，只要坚持不懈地努力，就一定会有收获。

自己该做的事情

二（3）班　林洽铭

有一棵小树，它孤零零地站在山上。它每天看着青蛙们跳高跟比赛捉虫子，也看着在赛跑的豹子跟老虎。小树不能跳也不能跑，它哪里都去不了，但它明白自己有一个任务，那就是茁壮成长，变成大树，为小动物们遮风挡雨。

小树经历了风雨的洗礼之后，终于变成了大树。后来它发现还有很多自己的同类，它们在山上组成了一片大森林，它们可以防止山体滑坡、水土流失，同时，也给青蛙、老虎、豹子等动物一个安定的家。

深圳市南山区荔香学校　欧阳晓珊

写日记单元整体教学设计

——以三年级（上册）第二单元为例

一、写日记单元教学定位分析

从用途的角度来看，日记是应用文文体中的一种，人们主要用来记录每天的所见所闻、所思所想。从内容的角度来说，日记属于记叙文的性质，既可以记事，也可以写人、写景，甚至抒情。这所有的内容都可以作为日记的内容。三年级，作为写作的初学阶段，大多数同学词汇量不多，搜集素材的能力也比较薄弱。写日记，是能让学生畅所欲言，直接从生活中取材，相对容易操作的一种写作锻炼方法。学会写日记，能够坚持写日记，能够有效地调动起学生写作的兴趣，也能够有效地提高学生语言文字的运用能力。

三年级第二单元共收录了《古诗三首》（《山行》《赠刘景文》《夜书所见》）《铺满金色巴掌的水泥道》《秋天的雨》三篇精读课文，《听听，秋的声音》一篇略读课文。这些课文的人文主题"金秋"非常突出，但文体不一。《古诗三首》是七言古诗，《铺满金色巴掌的水泥道》是著名儿童文学家张秋生的散文，《秋天的雨》是写景散文，《听听，秋的声音》是一首言语浪漫、节奏荡漾回旋的现代诗。细细读来，却发现这些诗文中，很多都可以作为学生写日记起步的借鉴。如《古诗三首》中《山行》记录了一次出行的经历，《赠刘景文》记录了与友人分享关于时节的感悟，《夜书所见》记录诗人的见闻和思考；《铺满金色巴掌的水泥道》和《秋天的雨》则讲述了平凡的时光里，"我"发现了关于大自然惊人的美；《听听，秋的声音》里，则用丰富的拟声词和想象交织出了秋的交响乐。这一切写景，皆是借景叙事，借景抒情，借景表达人生的哲理。学生们写日记，很多时候，就是在通过抒写人、事、景、物，表达自己对生活的思考，不断丰富自身的内心世界的过程。

二、写日记单元整体教学目标及分解目标

表1　写日记单元整体教学目标及分解目标

单元目标	课文	分解目标
培养学生细致观察身边人、事、物、景的能力，以及由平凡生活引发思考的能力；引导学生将身边的所见所闻，转化为文字的记录，体会写日记的快乐和意义；结合园地范例，学习日记的格式，逐步培养坚持写日记的习惯	4.《古诗三首》	学习利用注释、查字典、了解作者背景、结合上下文、联系生活等方式，理解词语及诗句的意思；通过作者对景物的描写和对景物的评价，感受文字背后蕴含的情感，初步体会借景抒情手法的好处及用法
	5.《铺满金色巴掌的水泥道》	通过"明朗的天空、亮晶晶的水洼、一角小小的蓝天、熨帖地、平展地"等词语的学习和积累，感受作者用词的准确和别出心裁；引导学生感受这篇文章朴实而又充满诗意的境界，引导学生发现生活之美，产生主动观察生活和大自然的愿望
	6.《秋天的雨》	学习文中大量的比喻句和拟人句，感受作者这样描写的好处；反复朗读品味课文中的句子，感受作者强烈而含蓄的情感；仿照第二自然段的句式，运用比喻和拟人手法抒写自然的美
	7.《听听，秋的声音》	找出课文里关于秋的意象，以及秋的"声音"，从听觉的角度感受秋天的美；运用边读边想象的方法，反复朗读课文，感受诗歌的节奏美、韵律美和浓浓的秋意美；拓展"视觉、嗅觉、味觉、触觉"的感官感受，结合生活，感受身边大自然的美
写作	写一篇情景交融、情感真实的日记	

三、写日记单元"读写力提升"进程表

三上第二单元以写日记为主要读写目标，随文依次展开以下教学（见表2）。

表2　写日记单元教学内容及侧重点

教学内容	教学侧重点
理清情与景之间的关系；用精准的定语形容景物；运用比喻和拟人的手法描写景物；运用不同的角度描写景物；学会利用景物表达内心情感	《古诗三首》理解情与景之间的关系，学习利用景物描写寄托情感的写作手法。《铺满金色巴掌的水泥道》从短语入手，学习用词的精准性和创新性，使句子更加巧妙灵动。《秋天的雨》从句子入手，学习运用比喻和修辞手法，使句子更加活泼有趣。《听听，秋的声音》从不同的角度入手，调动所有感官的感受，使句子更能打动人心
写一篇日记	到附近公园或郊区游览，用照片记录观察到的景物和其特点

四、写日记"读写力提升"助力工具——气泡图

气泡图由美国著名思维教育专家David Hyerle博士在1988年提出，是一种具有特定形式和用途的思维可视化工具。气泡图以关键词为中心，周围的气泡主要填写形容词性的定语或短语等描述性的语言，对中心关键词，进行多角度、多层次的描述和分析。一幅气泡图可以由一名学生独立完成，发展思维的深度，也可以由一组学生合作完成，使不同的想法互相碰撞。无论是哪一种完成方式，都能让我们对一个事物的认识更加直观，更加深刻。

日记作为一种书写个人生活与情感的文章体裁，它的题材是非常广泛的，任何的人、事、物、景，只要是生活中的所见所思，都可以作为描写的中心对象。

该图示对于日记"阅读力提升"的作用有：①能让学生迅速明确文章描写的中心对象；②借助气泡图的梳理，明确文章是如何对中心对象展开描述的；③通过气泡图加深对文章内容的理解，帮助学生体会文字背后作者的情感和意图；④通过气泡图，分辨文章描写的层次，学习文章围绕中心对象展开多角度多层次描写的手法。

该图示对于日记"写作力提升"的作用在于：①帮助学生确定自己书写的中心对象，使日记的中心内容更加突出，帮助学生紧扣行文线索；②通过气泡图的分析，能够使学生用上更多精准的词汇和短语，使日记内容更加活泼生动；③其实学生想到的多种形容词，组合在一起，能够反映出学生对中心对象的情感，也有助于学生理清自己书写的目的，更好地在日记中做到情景交融。

三上第二单元里的四篇文章，是围绕着"金秋"人文主题进行编排。这四篇文章作为学习写日记的范例，需要学生体会到时节变化下大自然动人的美，以及生活中时节的变化带给人们的感受感悟。我们不妨以写景为中心的日记内容作为引子，拓展到以人、事、物为中心的日记内容的描写。总之，该图示独有的突出中心，深刻描述的特点，非常适合日记读写图式的可视化呈现。

第二板块 单篇读写教学设计及学生习作

《古诗三首》教学设计

一、文本解读

《古诗三首》一共包括杜牧的《山行》、苏轼的《赠刘景文》以及叶绍翁的《夜书所见》三首七言诗。三首古诗描写的景物各不相同。《山行》主要描写了作者郊游所见的景物，白云和红枫勾画出一幅色彩浓烈的深秋图；《赠刘景文》中描写了荷塘、菊花的衰败凋零，以及秋末冬初"橙黄橘绿"硕果累累的画面，景象多样色彩丰富；《夜书所见》则描写了与前两首诗完全不同的江上秋景，最后两句则是作者回忆童年时期的有趣画面。

三首古诗描写的景色不同，背后蕴含的情感也非常不同。《山行》中前两句描述的是白天的景象，后两句是傍晚的景象。"停车坐爱枫林晚，霜叶红于二月花。"因为喜欢这秋日的枫叶，诗人在山间迟迟不肯离开。枫叶映着傍晚的暮色，色彩越发浓厚，也寄托了诗人的精神和情趣。《赠刘景文》是苏轼写给好友刘景文的诗，不仅包含了诗人对秋末冬初时节的喜爱，"菊残犹有傲霜枝""一年好景君须记，最是橙黄橘绿时"更是寄托了诗人对好友精神品性的赞颂和鼓舞。《夜书所见》前两句描写的是现实，诗人漂泊在江河之上，后两句描写的是回忆，童年的时光如此欢快有趣。孤独与甜蜜之间互相碰撞，有一种世事变迁，宇宙茫茫而世人渺小之感，更让人倍感孤独苍凉。

二、教学重难点

（1）学习运用借助注释、了解背景、联系生活等方法自主理解诗意。

（2）通过诗句意象，感受作者表达的情感。

三、教学设计

第①课时

（1）自由读古诗，利用注释和诗人生平背景阅读资料，初步理解诗意。

（2）找出三首诗歌中的景象，说说这些景物的特征。

（3）联系生活，说说这些景物带给你的感受。

第②课时

（1）紧扣"晚""尽、擎、残、傲""动客情"等关键词，进一步理解诗句表达的情感。

（2）对比分析三首诗写秋的不同之处（见表3），体会三位诗人表达的情感的差异。

表3　三首诗写秋对比

	景物	关键词	诗人情感	你的感受
《山行》				
《赠刘景文》				
《夜书所见》				

（3）联系生活，说说秋天里最让你印象深刻的景物，并说明理由。

（4）作业：回忆秋天里令你印象最深刻的两三种景物，并用简短的话，说说你对这些景物的感受。

四、板书设计

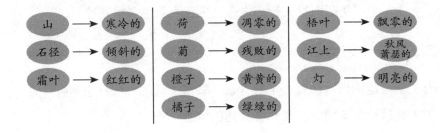

《铺满金色巴掌的水泥道》教学设计

一、文本解读

《铺满金色巴掌的水泥道》是一篇以儿童视角创作的，写景类的抒情散文。这篇散文中值得学生学习写作的地方可圈可点。一方面，作者的用词十分新颖、准确，如"亮晶晶的水洼、一角小小的蓝色、印着落叶图案的地毯"等；另一方面，其语言富有张力，画面感极强，如"我穿着一双棕红色的小雨靴。你瞧，这多像两只棕红色的小鸟……"。最后，在结构上首尾呼应"一夜秋风，一夜秋雨"，令人有一种读诗的美感，在不知不觉中接受着美的熏陶。

二、教学重难点

积累词语，学习用精准的定语形容景物，以充分表达自己的情感。

培养学生细心观察身边的事物，时节的变化，激发其对生活的热爱和细腻的情感。

三、教学设计

第 **1** 课时

（1）导入：联系生活，想一想你上学路上见到的景物。

（2）自由朗读课文，画出你觉得描写得特别好的词语和句子。

（3）同桌之间互相交流。

（4）摘录你喜欢的词语和句子，多读几遍，利用上下文反复品味。

第 2 课时

（1）引导学生说一说，哪些句子带给你美的感受。

（2）小组学习，作者是怎么观察周围事物的，带给了你什么启发？

（3）拓展阅读，张秋生《小巴掌童话》。

（4）作业：记录你在上学路上看到的景物，并用学到的观察方法给它们排排序，用几句话写一写你上学路上的景色。

四、板书设计

观察方法：

从高处到低处，从整体到细节，从环境到自我。

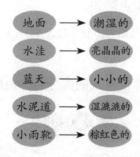

《秋天的雨》教学设计

一、文本解读

《秋天的雨》是一篇富有想象力和抒情味的儿童散文。虽然名字是秋天的雨，实际上是以雨为线索，将秋天的美景都串联起来，给人们展示了一幅色彩斑斓，硕果累累的秋景图。在行文方面，这篇课文的结构逻辑非常清晰，前四段分别写了秋雨、秋色、秋味以及秋天动物的快乐，最后一段总结。文章内容

里，有很多的拟人和比喻句，句式统一，句意优美。如第二自然段中"黄黄的
叶子像一把把小扇子，扇哪扇哪，扇走了夏天的炎热"等句子，都非常适合学
生做仿写练习。

二、教学重难点

（1）能够联系上下文和结合生活经验，理解重点词句的含义，感受语言文
字的优美和作者对秋天的喜爱和赞颂。

（2）了解文章的结构以及优美的句子，并能够仿照句子说话，仿照文章
写作。

三、教学设计

第**1**课时

（1）对比春雨、夏雨、冬雨，引入秋雨。

（2）分类识字，指名读重点词句。

（3）自由朗读课文，圈出难懂的词语，利用上下文，一边读一边尝试理解
词语。

（4）同桌交流，课文中你最喜欢的部分，并说出理由。

第**2**课时

（1）自由朗读第二至四自然段，说一说，课文从哪几个方面写了秋天
的雨。

（2）通过总结第二至四自然段的内容，发现课文的结构，找出总起句。

（3）分段圈出重要信息，品味课文这样描写的好处。

（4）选择你喜欢的景物，仿照例句写一写。

（5）作业：仿照例句选择生活中自己喜爱的景物，写一写。

例句：它把黄色给了银杏树，黄黄的叶子像一把把小扇子，扇哪扇哪，扇
走了夏天的炎热。

四、板书设计

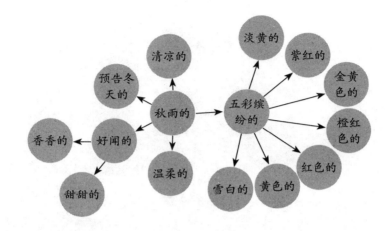

《听听，秋的声音》教学设计

一、文本解读

这是一篇语言凝练，韵律优美的现代诗歌。诗中运用了很多拟人、比喻的手法以及各种象声词来描写秋天的不同声音，能够带给儿童美的感受和美好情感的熏陶。同时，这也是一篇略读文章，不必太过深究字句，反而要留给学生自主学习、自我感知的空间。

二、教学重难点

从秋天的各种声音入手，激发学生的想象力，培养学生热爱秋天的情感。

三、教学设计

（1）请同学们闭上眼睛，听老师示范朗读，感受秋天的声音。

（2）说一说，你最喜欢哪种秋的声音，自由多读几遍。

（3）发挥想象力，再想想秋天还有哪些声音。

（4）仿照课文，给你想到的秋天的声音，写一段小诗。

作业：仿照课文第一、二自然段，写一段小诗。

四、板书设计

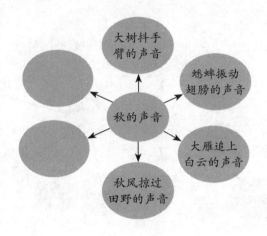

"日记"写作教学设计

一、教学重难点

（1）结合例文，掌握日记的格式、内容。

（2）培养学生爱观察、勤思考的习惯，帮助学生找到生活中值得记录的事情。

（3）让学生体会到写日记的重要性和意义。

二、课时安排

2课时，第1课时写前导，第2课时当堂写作。

三、教学设计

第①课时

（1）提问学生，最近一周发生的一件令自己印象深刻的事情，并与同学进行交流。

（2）浏览例文，发现日记的格式。

（3）选好主题后，通过思维导图梳理行文线索，并进行写作。

第 2 课时

课堂写作。

四、学生习作

日记节选

二（3）班　陶雨菲

11月15日天气凉

最近几天，早晚都有一丝丝凉意，深圳的秋天来了。

天气凉了，再也不用吹空调了，白天出门再也不怕被烤焦了，感觉路边的树木跟小花也很开心，仿佛在说："秋天，你好呀，我们终于不热了。"

深圳的秋天，有五彩缤纷的花，碧绿的树，湛蓝的天空，凉爽的风……

我爱深圳的秋天。

日记节选

二（3）班　沈明睿

10月25日天气晴朗

风娃娃真淘气，扯着我的红领巾，偷偷摘走我的小帽子。开心的时候风很小，叫微风。生气的时候，风很大，叫台风。狂暴的时候风很猛，叫龙卷风。一边下雨一边刮狂风的时候，叫狂风暴雨。我想起初唐诗人李峤写的一首诗，"解落三秋叶，能开二月花。过江千尺浪，入竹万竿斜。"

参考文献

［1］温儒敏，陈先云总主编；余琴，刘晶，张卫其分册主编.统编小学语文教科书教学设计与指导·三年级上册［M］.上海：华东师范大学出版社，2019.

［2］人民教育出版社　课程教材研究所小学语文课程教材研究开发中心编著.义务教育教科书教师教学用书·语文三年级上册［M］.北京：人

民教育出版社，2020.

［3］赵国庆主编.思维可视化［M］.北京：北京师范大学出版社，2016.

深圳市南山区荔香学校　霍文雅

学做记录卡单元整体教学设计

——以三年级（下册）第一单元为例

单元文体整体解读

一、学做记录卡单元教学定位分析

这一单元围绕着"感受自然生灵"的人文主题，安排了《古诗三首》《燕子》《荷花》三篇精读课文以及《昆虫备忘录》一篇略读课文，"口语交际：春游去哪儿玩"还有"习作：我的植物朋友"也是与这一人文主题息息相关的。

这组课文，不仅主题统一，而且在内容上也很有特点。《古诗三首》的语言清新浅显，动植物意象生机勃勃。比如《古诗三首》中《绝句》的"花草香、燕子、鸳鸯"，《惠崇春江晚景》的"桃花、鸭、蒌蒿、芦芽、河豚"，《三衢道中》的"梅子、黄鹂"等令人温和舒心。《燕子》和《荷花》是郑振铎和叶圣陶两位名家的散文。选材精准，语言凝练，从不同的角度讲描写对象，把燕子和荷花写得十分细致，十分适合用来制作记录卡。最后一篇《昆虫备忘录》只需要简单提取信息，变换句式，就能立马变成一张张昆虫记录卡。因此这个单元"学做记录卡"是非常适合学生"读写力提升"的选材。

二、学做记录卡单元整体教学目标及分解目标

表1　学做记录卡单元整体教学目标及分解目标

单元目标	课文	分解目标
培养学生观察动植物，查阅资料的能力；学习多角度把事物特点写清楚的方法以及有序写作	1.《古诗三首》	从诗人对意象的描写中感受初春的景色美，古诗的意境美；体会题画诗"诗中有画，画中有诗"的特点，边读边想象出诗歌的画面
	2.《燕子》	通过课文，了解燕子的外形和生活习性，感受作者对燕子的赞美与喜爱；研读课文，体会作者抓住一定顺序观察事物的写作方法
	3.《荷花》	体会"挨挨挤挤、冒"等用词的精准，画出你觉得优美生动的词句，感受作者对荷花的喜爱；根据文中的内容，画出作者观察荷花顺序的句子，并进行总结，勾勒出文章的结构；为作者笔下的荷花画一张画
	4.《昆虫备忘录》	从外形、颜色、习性等多方面，圈出作者笔下四种昆虫各自的特点；小组合作，完成四种昆虫的记录卡；小组交流，说明是从哪些角度撰写的记录卡
写作	为校园里的植物制作记录卡	

三、学做记录卡单元"读写力提升"进程表

三下第一单元以学做记录卡为主要读写目标，随文依次展开以下教学（见表2）。

表2　学做记录卡单元教学内容及侧重点

教学内容	教学侧重点
体会诗画交融的特点； 学习多角度描写一种动植物； 学习有序地把一种动植物描写细致； 学习抓住一种动植物最突出的特点，制作记录卡	《古诗三首》重点体会题画诗"诗中有画，画中有诗"的特点与魅力。 《燕子》从多种场景中描述燕子的形态，重点学习观察燕子的各种生活习性，并能进行课文信息提取。 《荷花》从对荷花外形的细致描写入手，重点学习如何把一个景物描写得细腻并能表达出情感。 《昆虫备忘录》描写了四种昆虫，写出了每种昆虫的不同的外形和其最突出的特点，适合做记录卡的改编。也告诉了学生记录一种动植物的时候必须抓住最突出特点的写法
制作三至四张记录卡	观察校园里最让你惊奇的动植物，并通过查阅资料，制作记录卡

四、学做记录卡"读写力提升"助力工具——括号图

括号图是一种表示了"整体—部分"关系的思维图示。左侧是整体，右侧是同一层面的部分，比如，水果作为整体，那么右侧的部分，可以分为苹果、雪梨、香蕉等，之后再补充说明它们各自的特点。整体与部分的关系是我们认知世界的一种重要关系。当我们能够将一个事物细致地分成各个部分去认识时，了解也必然变得深刻。

一张语言简练的记录卡，在生活中的应用是非常广泛且实用的。在一些展览会上，它能够帮助人们迅速地了解一件新型的产品，在生活和学习中，它能够帮助我们迅速地理清思路，记忆一件新鲜事物。

利用括号图这种思维图示，在这个以"自然生灵"为人文主题，以"学做记录卡"为读写目标的单元里，对"阅读力提升"的作用有：在阅读方面，利用这种图示，能够帮助学生理解和设计具有复杂构造的事物和概念，对事物进行整体—部分的划分，使学生对阅读内容理解更加准确，对文章结构更加清晰；在写作方面，建立起对事物全面客观的认识，更好地抓住事物的特点进行写作，帮助学生多角度地描述事物以及选准关键素材。

第二板块 单篇读写教学设计及学生习作

《古诗三首》教学设计

一、文本解读

　　《古诗三首》分别包括了杜甫的《绝句》、苏轼的《惠崇春江晚景》以及曾几的《三衢道中》。这三首古诗都是五言、七言绝句。杜甫的《绝句》对仗工整，笔墨自然流畅，"春风、花草、燕子、鸳鸯"构建出一种祥和温暖的春光之景，令人心驰神往。苏轼的《惠崇春江晚景》是一幅题画诗，很好地展现出了题画诗"诗中有画，画中有诗"的特点。其语言生动活泼，令没有机会欣赏这幅画的我们，也不由得产生了想象与向往。曾几的《三衢道中》是一首纪旅诗，诗人将一次平凡的游玩写得饶有趣味，也展现出了诗人阔达的性情和愉悦的心情。

二、教学重难点

　　（1）思考诗人是如何描写初春的景物，营造出初春温暖祥和的意境美的？
　　（2）学习和体会题画诗"诗画交融"的特点，边读边想象画面。

三、教学设计

第 ① 课时

　　（1）自由读古诗，找出诗歌中的意象，初步理解诗意。
　　（2）品读诗句，学习诗人凝练的遣词造句方式，感受诗句的优美。
　　（3）学习和体会题画诗"诗画交融"的特点，边读边想象画面。

第❷课时

（1）进一步比较杜甫的《绝句》和苏轼的《惠崇春江晚景》描写的景物与情感的差异。

（2）通过转化词序的方法，品读"竹外桃花三两枝"和"春江水暖鸭先知"两句诗。

（3）背诵古诗，进一步感受诗中关于春天的温柔祥和之感。

（4）作业：回忆春天里令你印象最深刻的两三种景物，并用简短的话，说说你对这些景物的感受。

四、板书设计

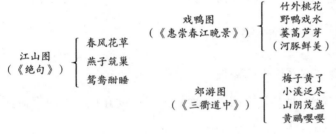

《燕子》教学设计

一、文本解读

《燕子》是郑振铎先生的一篇写景状物散文。内容简短，结构清晰。写了燕子的外形、燕子的飞行与停歇，展示了燕子的外形美、动态美和静态美，具有很强的感染力。

在语言表达上，这篇文章运用了多种修辞手法，"剪刀似的尾巴""如毛的细雨""小黑点"等比喻形象生动且富有想象力，在描写燕子的同时，用了不少笔墨描绘春日"背景"的优美，令人感受到了春景与春燕的相互映衬和交融，使人充分感受到了作者对春天和自然的赞美。

二、教学重难点

（1）学习按一定顺序抓住事物特点的观察方法。

（2）通过作者对燕子的描写，了解燕子的外形特征和生活习性，体会作者对燕子和春日的赞美。

三、教学设计

第❶课时

（1）谜语导入。

（2）听写词语，检查预习情况。

（3）学习第一自然段，感受燕子的外形美。

第❷课时

（1）学习第二自然段，感受春天的美景。

（2）理解"平添""赶集似的"等词语，理解长句，读好长句子的节奏。

（3）自主学习第三、四自然段，指名汇报。

（4）学习第五自然段，感受燕子停歇时的美。

（5）作业：①摘录课文中你觉得优美的词句，读一读，背一背；②仿照第一自然段的写法描写一种你喜欢的动物。

四、板书设计

燕子 ⎰ 乌黑的羽毛（第二、五自然段）
　　⎱ 轻快有力的翅膀（第四自然段）
　　　 剪刀似的尾巴（第三自然段）

《荷花》教学设计

一、文本解读

《荷花》是叶圣陶先生的一篇叙事小散文，描写了作者夏天时游览荷花池所见的景物。前三段主要写荷花开放的姿态，最后两段写作者的想象，颇有情思哲理。在我国的传统文化中，荷花是出淤泥而不染的纯洁、高雅的象征，但是这篇小短文语言清新朴实，句意浅显，不晦涩难懂，着实令儿童喜爱。在语言表达上，充分利用了"挨挨挤挤""饱胀"等准确的动词和形容词，画面感很强；运用了比喻和拟人的方法，将荷花描写得可爱生动。尤其是"如果把眼前的荷花看作一大幅活的画，那画家的本领可真了不起"一句，和《惠崇春江晚景》编排在同一个单元，更能让人感受到中华文化中诗画交融的境界和魅力。

二、教学重难点

（1）通过课文发现作者观察荷花的顺序和方法。

（2）感悟最后两段中的情思哲理。

三、教学设计

第 ❶ 课时

（1）自由朗读课文，边读边圈出好词好句。

（2）借助插图和PPT欣赏荷花的姿态，并尝试用不同的语言说一说荷花的样子。

（3）熟读并背诵课文第二自然段，选择自己喜欢的一种花，尝试仿写，并与同学交流。

第 ❷ 课时

（1）复习背诵第二自然段，品味"挨挨挤挤、饱胀、破裂"等词汇带来的画面感。

（2）学习第三、四、五自然段，体会诗画交融的魅力以及作者抒写的情思哲理。

（3）通过课文的学习，尝试把课文中描述的画面画出来，并配上你学过的关于荷花的古诗词。

（4）作业：选择自己喜欢的一种花，对照第二自然段进行仿写。

四、板书设计

荷花 {
挨挨挤挤的叶子
白花瓣
饱胀的花骨朵儿
嫩黄色的小莲蓬

《昆虫备忘录》教学设计

一、文本解读

《昆虫备忘录》是当代著名作家汪曾祺先生的一篇科学小品文。作者的笔触细腻生动，既不像科学说明文那样刻板，也不像普通散文那样抒情，在科学内容的基础上，具有生动性和通俗性，非常适合三年级学生阅读和学习。

在文中，汪先生介绍了蜻蜓、瓢虫、独角仙以及绿蚂蚱四种昆虫，整篇文章也分成了这四个小单元，四个小单元相互联系又可以独立成篇。汪先生在介绍四种昆虫的时候，都抓住了其最突出的特点，而绝不在其他地方浪费笔墨，比如蜻蜓，就抓住了它复眼的特点，绝不在它的身姿和翅膀等方面多写一言一句，这详略得当的写法也是写作的窍门之一。

二、教学重难点

（1）了解各种昆虫的特点，激发孩子对动植物的喜爱以及探索大自然的热情。

（2）了解科学小品文的特点，初步体会科学小品文的写作方法。

（3）改写课文的内容，制作小记录卡。

三、教学设计

（1）自由朗读课文，读准生字，读通课文。

（2）画出描写每种昆虫外表特点的词语和句子，多读几遍。

（3）遇到不懂的问题，举手提问老师。

（4）和同桌交流，你最喜欢哪一种昆虫，为什么？

（5）根据课文，完成对比表格。

表3　昆虫对比表格

名字	蜻蜓	瓢虫	独角仙	绿蚂蚱
别称				
主要特点				
形体特点				
生活习性				

（6）根据表格，制作小记录卡。

作业：选择课文中，你最感兴趣的一种昆虫，根据课文内容，写成一张昆虫记录卡。

四、板书设计

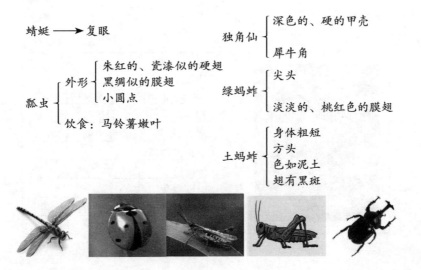

"记录卡"写作教学设计

一、教学重难点

（1）结合书本"桃花"例子，掌握记录卡的格式、内容。

（2）培养学生善于观察、查阅资料的习惯，帮助学生找到她感兴趣、想要记录的动植物。

（3）让学生体会到写作记录卡的用处和意义。

二、课时安排

2课时，第1课时写前导，第2课时当堂写作。

三、教学设计

第①课时

（1）提问学生：你知道哪些动植物，能否说说其特点，并与同学进行交流。

（2）浏览例文，发现记录卡的格式。

（3）选好记录卡书写的对象后，通过括号图梳理行文线索，并进行写作。

四、学生习作

名称：桂花

样子：小十字形状小花，挨挨挤挤组合在一起，像一个小花球；叶子是墨绿色的，边缘有小刺；树可以生长得很高。

颜色：金黄色

气味：十里飘香

其他：花朵可以用来泡茶，做甜品。

图1　学生作品展示

名称：月季花

样子：<u>一般是单头花朵；不同的品种花</u>
　　　<u>朵大小不一；花朵形状是高心卷</u>
　　　<u>边的。</u>

颜色：<u>黄色、白色、粉红色、粉色，五</u>
　　　<u>颜六色</u>

气味：<u>香味浓郁</u>

其他：<u>被称为"花中皇后"；爱情的象征</u>

图2　学生作品展示

参考文献

［1］温儒敏，陈先云总主编；薛峰，帅晓梅分册主编.统编小学语文教科
　　书教学设计与指导·三年级下册［M］.上海：华东师范大学出版社，
　　2019.

［2］人民教育出版社　课程教材研究所小学语文课程教材研究开发中心编
　　著.义务教育教科书教师教学用书·语文三年级下册［M］.北京：人
　　民教育出版社，2020.

［3］赵国庆主编.思维可视化［M］.北京：北京师范大学出版社，2016.

深圳市南山区荔香学校　霍文雅

连续观察单元整体教学设计

——以四年级（上册）第三单元为例

第一板块 单元文体整体解读

一、连续观察单元教学定位分析

部编版小学语文四年级上册第三单元是观察单元，本单元的人文主题是"处处留心皆学问"。本单元有两项语文要素的学习训练，一是"体会文章准确生动的表达，感受作者连续细致的观察"。二是"进行连续观察，学写观察日记"。两项内容联系密切。处处留心，是一种生活习惯和态度，是做学问必备的思维品质之一。处处留心就是要主动观察生活，从生活中有新的发现。人文要素与写作品质训练相结合，而观察有法，这得从课文中学习。

"观察生活"的学习要求在部编版小学语文三年级的教材中已经出现过。三上第五单元是观察习作单元，其人文主题是"生活中不缺少美，只是缺少发现美的眼睛"。该单元的两项语文要素，一是"体会作者是怎样留心观察周围事物的"。二是"仔细观察，把观察所得写下来"。要求在仔细观察、有所发现的基础上写作。第15课《搭船的鸟》强调观察要细致，第16课《金色的草地》侧重观察事物的变化，习作例文《我家的小狗》《我爱故乡的杨梅》教我们观察要调动五官，对事物的观察角度都偏向定点观察。

三年级下册第四单元也安排了观察训练。本单元的人文主题是"看，花儿在悄悄绽放。听，蜜蜂在窃窃私语……自然界如此奇妙，留心观察，会有新的发现"。

该单元的两项语文元素，一是学习"借助关键语句概括一段话的大意"。二是"观察事物的变化，把实验过程写清楚"。侧重在一件事、一项活动中观察事物的变化。

四年级上册第三单元的三篇选文体现了观察的连续和深入。《爬山虎的脚》中的爬山虎作为常见植物，人们对它们的叶子铺满墙的姿态习以为常，很少有人思考它们到底为什么能往上爬。叶圣陶先生通过细致、连续观察，扒开叶子看爬山虎的脚，就把爬山虎往上爬的原因探究清楚了。《蟋蟀的住宅》中的蟋蟀是种普通的动物，多数人只关注它们的叫声和外形，但绝少有人观察它们的洞穴。法布尔则从十月观察到入冬，有时一连看两个小时，揭示了蟋蟀住宅的建造过程和特点，法布尔的文采和探究精神都值得大家学习。本单元还在第一课安排了《古诗三首》，分别是《暮江吟》《题西林壁》《雪梅》，要求能用自己的话说出诗句描绘的景象，明白其中的道理。

本单元引领学生"连续细致地观察"，探究事物表面背后的秘密。

二、连续观察单元整体教学目标

表1　连续观察单元整体教学目标

单元目标	课文	分解目标
体会文章准确生动的表达，感受作者连续细致的观察	9.《古诗三首》：《暮江吟》《题西林壁》《雪梅》	有感情地朗读和背诵三首古诗，默写《题西林壁》；理解诗句意思，展开想象，用自己的话说说诗句描绘的景象
	10.《爬山虎的脚》	找出文中写得准确形象的句子，感受作者细致的观察；说出爬山虎是怎样往上爬的，感受作者连续的观察
	11.《蟋蟀的住宅》	知道蟋蟀住宅的特点和修建的过程，理解它是"伟大的工程"的原因；从课文准确生动的表达中，感受作者连续细致的观察，体会观察的乐趣
	口语交际	能在小组讨论时注意音量适当；不重复别人说过的话，想法接近时，先认同再补充

续 表

单元目标	课文	分解目标
进行连续观察，学写观察日记	习作：写观察日记	能进行连续观察，用观察日记记录观察对象的变化
	语文园地	能交流连续细致观察的好处，养成留心观察的习惯； 能正确搭配动物和它的"家"，知道动物的"家"有不同的说法； 通过比较句子，体会表达的准确性； 积累与秋天有关的气象谚语

三、连续观察单元"读写力提升"进程表

四上第三单元以连续观察文章为主要体式，随文依次展开以下教学（见表2）。

表2　连续观察单元教学内容及侧重点

教学内容	教学侧重点
明确观察对象，知道事物特点； 学习细致，连续观察； 学习文章准确生动的表达	《古诗三首》学习景物的特点和诗人观察景物的方法，感悟其中蕴含的道理。 《爬山虎的脚》找出文中写得准确、形象的句子，感受作者细致的观察，学习爬山虎是怎么往上爬的，体会作者的连续观察。 《蟋蟀的住宅》学习作者科学严谨观察，准确生动的表达
写作一篇观察日记	观察记录绿豆芽的生长过程

四、连续观察"读写力提升"助力工具——思维导图

思维导图由英国学者东尼·博赞先生发明。思维导图由中心主题和分支构成，分支又可以分为主分支和子分支两种。其中，分支是由分支线条、线条上的关键词和图像组成。思维导图的读图顺序首先是读取中心主题，接着从右上角45度开始，沿着顺时针方向寻找主分支之间的内在联系，先主后支，先一般后具体，从内而外。便于人们理解思维导图内在的逻辑顺序。

思维导图对于连续观察文章"阅读力提升"的作用有：①焦点集中，中心突出，一眼就能抓住导图的核心；②条理清晰，能根据分支迅速提取文章的主要信息；③层次分明，从中心到边缘，能迅速厘清各部分内容的主次层级关系；④发散思维，线条把导图的内容连接成一个整体，能启发我们不同的思考路径。

思维导图对于连续观察文章"写作力提升"的作用在于：①及时记录事物的特点和变化，利于培养学生的逻辑思维和发散思维；②学生先领取绿豆养殖，画出第一天、第二天、第三天、第四天的思维导图，从颜色、形状、大小、长度等方面记录绿豆的变化，再动笔写作，就能写出绿豆的生长过程了。

思维导图的适用性广泛，简单易学，且有趣味，适合观察类写作。

第二板块　单篇读写教学设计及学生习作

《古诗三首》教学设计

一、文本解读

《暮江吟》是一首写景诗。前两句写夕阳西下时的江上景色，后两句写夜晚的景色。《题西林壁》写庐山雄奇壮观、千姿百态的景象，并借景说理，指出观察问题应客观全面。《雪梅》借雪梅争春，告诉大家人各有所长，各有所短的道理。

二、教学重难点

（1）有感情地朗读和背诵三首古诗，默写《题西林壁》。

（2）理解诗句意思，展开想象，用自己的话说说诗句描绘的景象。

三、教学设计

第 1 课时

（1）单元导语导入。

（2）解诗题：《暮江吟》，从中知道哪些信息？

（3）简介作者。

（4）读古诗，结合注释疏通诗意。

（5）品诗句，想象画面说话。

① 有哪些景物？它们有什么特点？夕阳、江水、秋夜、露、月亮。②用自己的话说说江上美景。

（6）悟诗情，明写法。

（7）作业：背古诗，用自己的话描述诗中的景象。

第 2 课时

（1）自读《题西林壁》《雪梅》两首古诗，结合注释和插图释义。

（2）找出诗中描写的景物。

（3）两首诗的共同点：写景说理、写事说理。

（4）分别交流两首诗后两句的理解，并结合生活实际说话。

（5）作业：背诵古诗，默写《题西林壁》。

四、板书设计

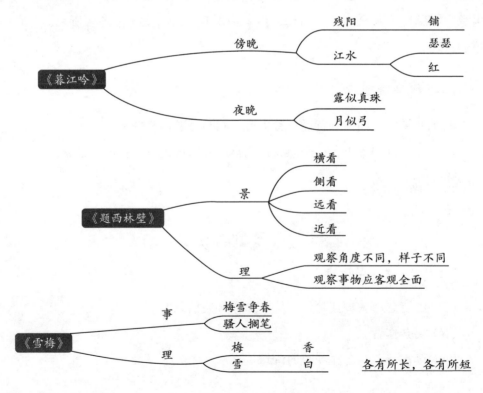

《爬山虎的脚》教学设计

一、文本解读

这篇课文细致地描写了爬山虎生长的位置、爬山虎的叶子、爬山虎脚的形状和特点，以及它是如何一步一步往上爬的，让读者了解了爬山虎的习性。

二、教学重难点

（1）找出文中写得准确形象的句子，感受作者的细致观察。

（2）说出爬山虎是怎样往上爬的，感受作者的连续观察。

三、教学设计

第❶课时

（1）实物导入，激发兴趣：大家都见过爬山虎，可是爬山虎的脚，有谁观察过吗？

（2）简介作者，习得生字词。

（3）初读课文，概括课文写了爬山虎的哪些方面：①生长位置；②叶子；③爬山虎的脚。

（4）学习课文前两段，感受叶圣陶先生的仔细观察。

① 爬山虎的位置。通过抓"满"字感受爬山虎的特点。

② 从哪些地方可以看出叶老先生观察仔细？爬山虎的叶子。文段从哪些方面介绍了爬山虎的叶子？颜色、姿态、动态。

③ 感受美丽，读出美丽。

第❷课时

（1）复习导入，朗诵第一、二自然段。

（2）读第三至五自然段，感受叶圣陶先生的仔细观察。

（3）作者是怎么介绍爬山虎的脚的？位置、形状、颜色，学生绘制爬山虎的脚。

（4）爬山虎是怎么一步一步往上爬的？先观看视频，自己说说看到的过程。在文段中抓动词"巴、拉、贴、爬"。学生表演爬山虎的脚往上爬的动作。

（5）爬山虎的脚有什么变化？触着墙的，变成灰色；没触墙的，萎了。

（6）通过"逐渐"感受作者的连续观察。在文中找出能体现作者连续观察的时间词"刚、不几天、以前、今年"。

（7）作业：找出文中写得准确、形象的句子，抄写下来。

四、板书设计

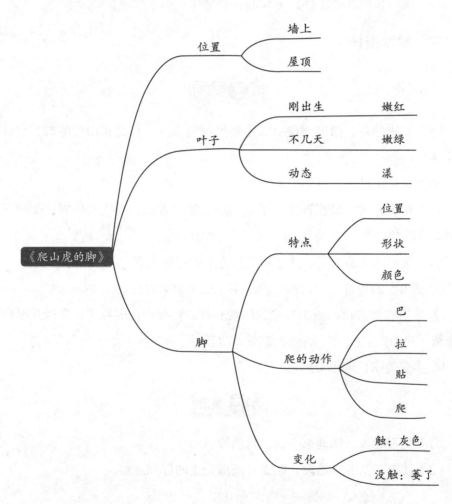

《蟋蟀的住宅》教学设计

一、文本解读

本文是法布尔的一篇观察笔记,讲述了蟋蟀住宅的特点,以及蟋蟀建筑住宅的过程,学生能从中感受住宅的众多特点,体会工程的伟大。还能通过阅读感受作品本身的准确性和趣味性,以及作者持之以恒的观察。

二、教学重难点

(1)知道蟋蟀住宅的特点和修建的过程,理解它是"伟大的工程"的原因。

(2)从课文准确生动的表达中,感受作者的连续细致的观察,体会观察的乐趣。

三、教学设计

第❶课时

(1)疑题导入。人类居住的地方才叫"住宅",题目用了拟人修辞。针对课题,提出问题。

(2)作者简介。

(3)初读课文,疏通字词。

(4)课文围绕蟋蟀的住宅写了哪些方面的内容?住宅特点、修建过程。

(5)蟋蟀的住宅有何特点?选址慎重;外部隐蔽、排水、干净;内部简朴、卫生。

(6)设置悬念:这座住宅为什么算是"伟大的工程"?

第❷课时

(1)复习旧知,明确要求:蟋蟀的住宅为什么算是"伟大的工程"?

(2)学习修建过程。画出蟋蟀活动的词句。圈画蟋蟀的建筑工具,对比住宅的优点，感受蟋蟀住宅的伟大。

（3）关注时间，体会作者持续细致地观察。

（4）拓展想象，作者会在哪些时间段，怎样观察？体会法布尔科学严谨的探究精神。

（5）比较阅读。对比习题三的说明文段，体会文章表达的生动形象。

（6）拓展延伸：阅读链接《燕子窝》，了解观察日记。

（7）作业：用自己的话介绍蟋蟀住宅的修建过程，说说写蟋蟀的住宅为什么被称为"伟大的工程"？

四、板书设计

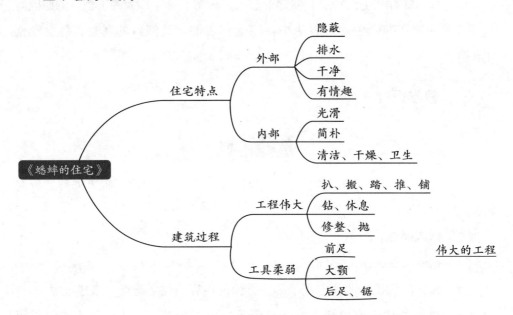

"观察日记"写作教学设计

一、教学重难点

（1）能进行连续观察，用观察日记记录观察对象的变化。

（2）能在小组内分享观察日记，并进行评价。

二、课时安排

2课时，第1课时写前导，第2课时当堂写作。

三、教学设计

第①课时

（1）提前分发绿豆，学生通过照片、表格、思维导图的形式记录绿豆的生长变化。

（2）回顾本单元的内容，明确作家们的写作方法：细致、连续观察，准确、生动表达。

（3）展示绿豆图片，交流观察方法，通过五感观察法，记录观察过程和观察者的心情、想法。

图1   绿豆生长变化图

（4）学生展示观察记录，交流绿豆的特点和生长过程中的变化。

第**2**课时

学生写作，要求：观察细致，内容准确。

四、学生习作

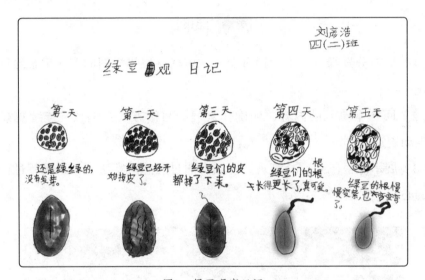

图2　绿豆观察日记

绿豆生长记

四（2）班　林铭锋

2020年10月29日　星期四　晴

今天老师让我们回去观察绿豆，一回家我就和妈妈一起从绿豆里面拿出一些完整的，然后放入水里面泡，再往里面放入一张纸，最后再用针戳孔让它透空气就可以了。

2020年10月30日　星期五　晴

今天回家一看，小绿豆变得胖胖的，还有一点皱纹，好像一位老奶奶脸上的皱纹。晚上睡觉时又去看了一下绿豆，不经意间看到绿豆有一点白色，走近一看，哇！小绿豆们长出了小芽呢！这些小绿豆就像一群绿色的蝌蚪。

2020年10月31日　星期六　晴

　　早晨，起床正想去吃饭时，看见了绿豆，就走上前去给绿豆"喝水"，给它们"喝完"水之后，我发现白白的小芽变长了，皱纹也消失了，仔细看，绿豆好像变得更胖了。中午吃完饭后，我又去看了小绿豆，见到小绿豆的根已经变得很长了，我轻轻地拿出一颗小绿豆，用尺子量了一下它的根已经有5厘米了。

2020年11月1日　星期日　晴

　　这一天，我起床后发现我心爱的小绿豆变得很小了，而它的根又细又长，已经成了真正的豆芽了。这就是我心爱的绿豆。

绿豆成长记

四（2）班　郑浩轩

2020年10月11日　星期二　晴

　　今天我和爸爸买了一大把绿豆撒在了盆子里。这时它们还是身穿着绿色衣服，又瘦又小的"瘦绿豆"。看着它们的样子我开始期待它们明天的变化了。

2020年10月12日　星期三　阴

　　今天我惊奇地发现昨天的"瘦绿豆"在今天变成了又胖又大的"胖绿豆"。看到它们大口大口"喝水"的样子我仿佛听到了它们在对我说："主人我们已经饱了。"它们在今天最大的变化是昨天的绿衣服已经被撑开了一半，取而代之的是它们又大又圆的肚子露了出来。

2020年10月13日　星期四　晴

　　今天我惊讶地发现昨天的"胖绿豆"在今天又多出来了一条尾巴！长出的这条尾巴让它们看起来很像一群蝌蚪。看着长出条尾巴的它们躺在水里，我仿佛看见它们在水中自由自在地游来游去。

2020年10月14日　星期五　晴

　　今天的绿豆把它们的尾巴伸得长长的，好像是在说："主人我们已经成熟了快把我们吃了吧！"最后它们如愿以偿地被送上了餐桌，此时我只想说一句："哎呀真香！"

参考文献

[1] 温儒敏，陈先云总主编；刘晓军，张咏梅分册主编.统编小学语文教科书教学设计与指导·四年级上册［M］.上海：华东师范大学出版社，2019.

[2] 人民教育出版社　课程教材研究所小学语文课程教材研究开发中心编著.义务教育教科书教师教学用书·语文四年级上册［M］.北京：人民教育出版社，2020（7）.

[3] 赵国庆主编.思维可视化［M］.北京：北京师范大学出版社，2016.

深圳市南山区荔香学校　刘小培

写景单元整体教学设计

——以四年级（下册）第五单元写景单元为例

第一板块　单元文体整体解读

一、写景单元教学定位分析

部编版语文四年级下册第五单元"按一定顺序写景"是一个习作单元，人文主题是"妙笔写美景，巧手著奇观"，本单元有两项语文要素的学习训练，一是"了解课文按一定顺序写景物的方法"，二是"学习按游览的顺序写景物"，各项内容都指向学生习作能力的培养。按一定顺序写景能让文章更有条理性，按游览顺序写景物，则注重表现移步换景时的景物变化。

景物描写是小学生文章的重要体裁，在三年级就出现过。在部编版语文三年级上册第六单元就学习过"祖国山河"，《富饶的西沙群岛》《海滨小城》《美丽的小兴安岭》主要学习围绕一个意思写。三年级下册第七单元"奇妙的世界"中《海底世界》《火烧云》等景物，学习了解课文是从哪几个方面把事物写清楚的。三年级的写景文章重在通过各种方法理解课文意思。

四下第五单元主要由《海上日出》《记金华的双龙洞》两篇精读课文组成。编排意图是引导学生通过阅读"了解课文按一定顺序写景物的方法"，《海上日出》按时间顺序，写出了日出的形状、颜色、位置、光亮等方面的变化。《记金华的双龙洞》按游览顺序介绍了路上、洞口、外洞、孔隙、内洞等景物。两篇课文都按照一定顺序来写，便于学生理解。

"交流平台"是结合精读课文对如何写游记进行回顾、梳理，明白游记要按照一定顺序写，可以写特别吸引你的地方，也可以按照变化顺序来写。"初试身手"让学生运用学到的方法练习表达，通过自己设计路线图，介绍参观顺序，说清楚景点转换词；观察附近景物，按顺序把景物写下来。"习作例文"是课文的补充，为学生提供范例，继续体会景物写法。《颐和园》按方位顺序介绍，需要注意作者观察的俯视、仰视、近看、远观等角度。《七月的天山》采用移步换景的方法，由远到近，逐渐深入，重点写了特别吸引作者的景点。

"按游览的顺序写景物"应贯穿于整个单元的教学中，各部分的教学要体现整体性，可以灵活处理本单元版块之间的关系。

二、写景单元整体教学目标及分解目标

表1 写景单元整体教学目标及分解目标

单元目标	内容		分解目标
了解课文按一定顺序写景物的方法；学习按游览的顺序写景物	课文	16.《海上日出》	默读课文，能说出日出时的景象；理解课文按太阳变化的顺序写景的方法
		17.《记金华的双龙洞》	理清作者的游览顺序，理解按游览先后顺序写景的方法；感受双龙洞各处景物的特点，理解课文是如何把重点景物写清楚的
	交流平台		能结合课文内容，总结、梳理按照游览顺序和景物变化顺序写景的方法；
	初试身手		能按顺序说出游览路线；能按顺序介绍一处景物并写下来
	习作例文	《颐和园》	学习习作例文中写景的顺序
		《七月的天山》	
	写作	游_____	按游览顺序写一个地方；能把印象深刻的景物作为重点，写出特点；能与同伴交换习作，交流评改，并提出修改意见

三、写景单元"读写力提升"进程表

四下第五单元以写景为主要体式，随文依次展开以下教学（见表2）。

表2　写景单元教学内容及侧重点

教学内容	教学侧重点
理解和感知课文内容，了解景象发生的变化； 学习按游览顺序写景，写出景物特点，写清楚重点景物； 归纳总结写景方法和初步实践	《海上日出》体会按"日出前、日出时、日出后"的顺序写太阳变化的过程。学习怎样按景物变化的顺序来写。 《记金华的双龙洞》理清作者的游览顺序，按顺序了解景物特点，感受如何写清楚重点景物。 "交流平台""初试身手"中回顾、总结写景的两个方法
写作：游_____	按游览顺序写一个地方

四、写景"读写力提升"助力工具——流程图

流程图是按时间先后顺序或依次安排的活动步骤，用标准化的图形形式表达的流程模型。流程图由一些图框和流程箭头组成，用来描述事物发展的顺序、步骤、程序等。其中，图框表示各种操作类型，图框中的文字和符号表示操作的内容，箭头方向表示操作的先后顺序。

该图示对于这类文体"阅读力提升"的作用有：①学生能快速、完整地理清文章内容；②明确的起点和终点；③由上而下，从左到右都有清楚的顺序流向；④符合观察、记忆规律，重点突出。

该图示对于这类文体"写作力提升"的作用在于：①便于学生在写作前有条理地构思和布局；②利于学生在写作时确定重点。

总之，该图示独有的操作简单，适用性强，可以培养学生思考的完整性、逻辑性，锻炼程序性思维，非常适合"按一定顺序写景"文的读写图式的可视化呈现。

第二板块　单篇读写教学设计及学生习作

《海上日出》教学设计

一、文本解读

《海上日出》是一篇写景抒情散文，文章按日出前、日出时、日出后的顺序，写了晴天和有云时的海上日出的几种不同景象，本文是巴金1927年乘船到法国留学途中所写的，表达了对海上日出这一奇观的喜爱之情。文章开头点名看日出的时间和地点。第二至五自然段分别写了晴天时和有云时的日出景象，细腻描写了日出的光亮、形状、位置等动态变化特点。

二、教学重难点

（1）默读课文，能说出日出时的景象。

（2）理解课文按太阳变化的顺序写景的方法。

三、教学设计

第 ① 课时

（1）日出图片导入，同学们说说日出时的景象。

（2）作者巴金简介。

（3）初读课文，认识生字词。

（4）巴金是怎么写日出时的景象的？①日出前：观看日出的时间、位置；②日出时的景象；③有云时的景象；④表达观看日出的感受。

（5）感受海上日出时的景象。作者写了海上日出的哪些变化？用横线画出来。

（6）交流日出时的变化：从颜色、光亮、位置三方面展开。作者抓住日出时短暂时间内的变化特点。

（7）演一演、读一读。

（8）小结写法：按照时间顺序写景。

第 2 课时

（1）复习导入，说说日出时的景象。

（2）默读课文第四、五自然段，不同天气下的日出景象有何不同?

（3）图片理解"镶""染"，感受壮美景观。

（4）感受作者情感：伟大的奇观。

（5）小结写法：①按照景物变化顺序写景，写出不同天气下的日出景象；②连接语段的过渡性词语，"转眼间""慢慢地""过了一会儿""一刹那间""忽然""突然""有时"，用上这些时间词，连接起景物的变化。

（6）作业：写写日落时的景象。

四、板书设计

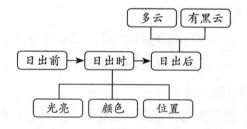

《记金华的双龙洞》教学设计

一、文本解读

《记金华的双龙洞》是一篇游记，记叙了叶圣陶先生游览金华双龙洞的过程，按照游览的先后顺序，依次介绍了去双龙洞的路上、洞口、外洞、孔隙、内洞、出洞的见闻和感受。课文开头首先交代了游览时间和地点，第二至三自然段写了去双龙洞的路上、山上的见闻，第四自然段写了洞口和外洞的特点，第五自然段写了从外洞进入内洞的见闻和感受，将景物描写和主观感受写得很具体，突出了孔隙的特点，说明孔隙特别能吸引作者。第六、七自然段详细写了内洞的特点和作者的感受。结尾一句话概括出洞。本文直接指向按游览顺序写景的要素，课后补充了作者游览的路线图，帮助学生理清写作顺序。

二、教学重难点

（1）理清作者的游览顺序，理解按游览的先后顺序写景的方法。

（2）感受双龙洞各处景物的特点，理解课文是如何把重点景物写清楚的。

三、教学设计

第 ① 课时

（1）课题导入。了解"记"，是一种记载事物，并通过记事、记物，写景、记人来抒发作者的感情或见解的文体。

（2）作者叶圣陶简介。

（3）初读课文，学习生字词。

（4）整体把握课文内容，梳理游览顺序，完成课后习题的填空。

路上→（洞口）→（外洞）→（孔隙）→（内洞）→出洞

（5）感受路上的景物特点。

①所见：山上主要写映山红、油桐、粉红色沙土，色彩明艳。

②所闻：溪流变换的声音。

第 ② 课时

（1）感知外洞特点：洞口突兀森郁；外洞：大。

（2）品析孔隙段落：视觉、触觉、感觉；特点：窄、小、险。思考为何孔隙的部分写得特别详细？特别吸引人的景物要重点写。

（3）感知内洞特点：黑、大、石钟乳和石笋美。

（4）关注景物转换词：在洞口、走进去、这是外洞、这就到了内洞、出了洞。

（5）小结写法：①按游览顺序写；②抓住景物特点；③重点写特别吸引人的景物；④用好景物转换的连接词。

（6）作业。

四、板书设计

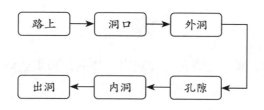

交流平台与初试身手教学设计

一、教材解读

交流平台与初试身手是对本单元所学方法的归纳小结和初步实践。交流平台以精读课文为例，总结了写一个地方的景色的方法，一是按照游览的顺序来写，二是有重点地写，把特别吸引你的景物作为重点来写。要注意，如果景物发生了变化，可以按照变化顺序来写。

初试身手有两个活动，按照游览顺序分别进行口头和书面练习。

二、教学重难点

（1）能结合课文内容，总结、梳理按照游览顺序和景物变化顺序写景的方法。

（2）能按顺序说出游览路线；能按顺序介绍一处景物并写下来。

三、教学设计

第①课时

（1）回顾旧知，梳理写景方法。

（2）自由读"交流平台"，说说如何写好景物。

①按游览顺序写，按景物变化的顺序写；②抓住景物特点；③重点写特别吸引人的景物；④用好景物转换的连接词。

（3）根据植物园示意图，自由画一画参观路线，并与同桌交流。

（4）全班交流，口头说话。

第 ② 课 时

（1）回顾课文，思考作者是怎样观察景物的？边走边观察；按照景物变化顺序观察。

（2）按游览顺序观察景物时，应怎么观察？从整体到局部，从远到近。

（3）按游览顺序说说我们的校园。

（4）运用方法写一写自己熟悉的景物。

作业：按游览顺序写自己熟悉的景物。

四、板书设计

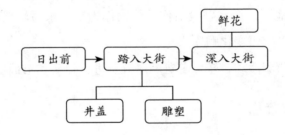

五、学生习作

王府井大街

四（2）班　曾 皙

我喜欢首都美丽的街道，夜西湖现代化的宽阔大街，但我最喜欢的是美丽的王府井大街。

走进王府井的步行街，你首先会看到一个标志着王府井历史的井盖，青铜制造，上面刻满了字。马路对面更是引人注目。看，一个跟真人差不多大小的

"祥子拉车"雕塑吸引了不少人。这雕塑是用青铜做的,"祥子"深厚的三轮车也常有不少人坐上去拍照。这一组雕塑后面还有"街头理发师""路边卖艺人"两组青铜雕塑,逼真地再现了老北京的街头景象。

顺着步行街往里走,路旁有许许多多黑色的花篮,里面放着一束束美丽的鲜花,有红的、黄的、紫的,把繁华热闹的王府井大街打扮得像花园一样美丽。

例文与习作教学设计

一、文本解读

习作例文安排了《颐和园》和《七月的天山》,为学生进一步学习按游览顺序写景物提供了模仿范例。值得注意的是,《颐和园》的长廊按照先中间后两边的顺序写,万寿山写了各种角度的视角、仰视、俯视、正前面、远眺,提醒学生注意观察的视角。《七月的天山》是按照作者骑马入天山的一路所见,逐渐往天山深处边走边观赏,重点写了雪山、塔松、溪流、花海,表示地点转换的词语都在文段开头,易于提取信息和仿写。

二、教学重难点

（1）学习习作例文中写景的顺序。

（2）按游览顺序写一个地方。

（3）能把印象深刻的景物作为重点,写出特点。

（4）能与同伴交换习作,交流评改,并提出修改意见。

三、教学设计

（1）默读《颐和园》,把课后的路线图补充完整。

（长廊）→（佛香阁）→（万寿山）→（昆明湖）

（2）结合批注说出体会到的各处景点的特点。

（3）探究作者的观察角度。

（4）画出过渡作用的句子，体会作者是怎么把景色按游览顺序写清楚的。

（5）默读《七月的天山》，说说游览顺序，交流过渡句。

第 2、3 课时

写作：游_____

（1）景物图导入，启发学生回忆自己印象深刻的景点。

（2）回忆自己游览过的地方，把题目补充完整。

（3）画我的路线图。这个地方有哪几个景点。

（4）印象深刻的景点重点写，写出景点的特点。

（5）使用过渡句，使景物的转换更自然。

（6）写作并进行评析、修改。

四、板书设计

进入东南门 → 金香园 → 天鹅湖 → 松林 → 望湖亭

五、学生习作

游植物园

星期天，我带了一位同学来参观美丽的植物园。

进入东南门，直走，就来到了金灿灿的郁金香园。那里一片辉煌，像一片金色的海洋。一阵芬香扑鼻而来，让我不知置身何处……

穿过飘满芳香的郁金香园，就是清澈透明的天鹅湖。那儿的湖水澈蓝澈蓝的，像刚被清洗过一番，天鹅们尽情地在里面嬉戏，快乐地游泳……有的天鹅结伴在一起打水战，有的三五成群在一起聊天，有的小宝天鹅还在大天鹅带领下学游泳呢……天鹅们的生活真是多姿多彩啊！

跨过天鹅湖，只见一棵棵高耸的松树立在那儿，像在迎接客人，又像是等待检阅的士兵，这就是有名的松林啦！远远望去，一棵棵松树像战士们一样昂首挺胸地站立在那儿，粗壮的树枝，绿油油的叶子，笔直的身影，真美！

　　绕过绿油油的松林，来到了松林东边的望湖亭。望湖亭的顶棚是用竹子做的，结实又美观，亭内四周围着几张长椅子，也是竹子做的，一张张的椅子上雕刻着各种各样的龙，有青龙，有白龙，还有黄龙，栩栩如生，稍不留神就好像要冲天而去，甚是壮观！

　　植物园的景色四季如春，那儿风景如画，值得大家去游玩！

参考文献

［1］温儒敏，陈先云总主编；李亮分册主编.统编小学语文教科书教学设计与指导·四年级下册［M］.上海：华东师范大学出版社，2019.

［2］人民教育出版社　课程教材研究所小学语文课程教材研究开发中心编著.义务教育教科书教师教学用书·语文四年级下册［M］.北京：人民教育出版社，2020.

［3］赵国庆主编.思维可视化［M］.北京：北京师范大学出版社，2016.

深圳市南山区荔香学校　刘小培

说明文单元整体教学设计

——以五年级（上册）第五单元为例

第一板块 单元文体整体解读

一、说明文单元教学定位分析

本单元在五年级上册部编本教材中属于习作单元，承担着写说明性文章的任务，其单元语文要素是"阅读简单的说明性文章，了解基本的说明方法"以及"搜集资料，用恰当的方法，把某一种事物介绍清楚"。达到目标，本单元安排《太阳》和《松鼠》两篇课文教学，且均为精读。让学生体会说明性文章可以有不同的类型，有不同的语言风格，同时从中了解并掌握基本的说明方法。单元还设置了《鲸》和《风向袋的制作》两种不同的说明性文章，置于"习作例文"部分，从题目便可以看出，前者是介绍事物鲸的说明文，而后者则是介绍方法步骤的说明文，并学习写说明性文章时可以分自然段介绍事物的不同方面，介绍清楚事物的不同特点。

在小学之前的学习中，虽然有涉及说明性文章，如《琥珀》《飞向蓝天的恐龙》等课文，但落实得更多的是其他方面的目标，而非落实在写说明文上。因此本单元更能够相对系统地介绍说明文，并让学生通过对一篇篇课文的学习，更有文体意识，并能学会介绍事物，写说明性文章。

《义务教育语文课程标准》（2011年版）围绕说明文，对第三学段有如下规定：阅读说明性文章，能抓住主要内容，了解文章的基本说明方法；能根据习作内容表达的需要，分段表述，能写常见的应用文。

我们知道，说明文是以说明为主要表达方式的文章体裁。说明文介绍事物的性质、特点或阐述事理。本单元学习和落实的主要是事物说明文，引导学生用基本的说明方法，介绍一种事物。

二、说明文单元整体教学目标及分解目标

表1　说明文单元整体教学目标及分解目标

单元目标	课文	分解目标
阅读简单的说明文，了解基本的说明方法；查阅资料，用合适的方法，将某一类事物说明清楚	《太阳》	了解举例子、做比较、列数字等说明事物的基本说明方法；体会课文平实、直白的语言风格
	《松鼠》	了解松鼠的特点，提炼、梳理信息，并能分条记录体会课文活泼生动的语言风格
写作介绍一种事物		结合习作例文，了解介绍事物和介绍方法步骤两种不同的说明文，进一步学习，用合适的说明方法，分段说明事物的各个方面，写清事物的特征

三、说明文单元"读写力提升"进程表

五上第五单元以说明文为主要体式，随文依次展开以下教学（见表2）。

表2　说明文单元教学内容及侧重点

教学内容	教学侧重点
了解说明方法；提炼、梳理信息，并能分条记录；了解介绍事物和介绍制作流程；两种不同类型的说明性文章	《太阳》学习说明方法，感受如何运用说明方法介绍太阳的特点。《松鼠》学习如何提炼、梳理相关信息，并能分条记录下来，以便认识到松鼠的特性。《鲸》进一步学习运用多种说明方法介绍鲸的特点；《风向袋的制作》了解并学习有条理地介绍方法步骤的说明文
写作一篇说明文	借助表格图，分段说明一种事物的各个方面的特征，写一篇介绍事物类型的说明文

四、说明文"读写力提升"助力工具——表格图

表格图，由一行或多行单元格组成的图形，按所需要的内容项目画成格

子，分别填写一些文字材料，便于统计和查看。它是一种可视化交流模式，也是一种组织整理数据的手段。

该图示对于这类文体"阅读力提升"的作用有：①表格图可以很好地帮助我们迅速找到事物的主要特点，对说明文介绍的事物和信息进行梳理，分类和概括；②表格图也可以很好地呈现出针对事物不同的方面和特点，说明文所使用的不同的说明方法，一目了然。

该图示对于这类文体"写作力提升"的作用在于写作的过程与阅读梳理信息的过程是相反的，因而是互通的。当我们确定要介绍说明的事物时，要先明确介绍事物的哪几个方面的内容，再去搜集资料并分条记录下来事物在不同方面呈现出的不同特点和信息，把他们分段介绍出来，能够做到把事物的特点介绍清楚。

总之，该图示独有的信息分类概括一目了然的特点，非常适合"说明文"读写图式的可视化呈现。

第二板块 单篇读写教学设计及学生习作

《太阳》教学设计

一、文本解读

《太阳》是本单元的第一篇说明性文章，也为精读课文。显然，《太阳》中介绍说明的事物是太阳，介绍了太阳的某些特征以及和人类的密切关系。本文采用了列数字、举例子和做比较等基本的说明方法。说明语言平实易懂，用恰当的说明方法将太阳远、大、热这三个特点说得十分清楚。通过学习本篇课文，学生可以对基本的说明方法有直接的了解，感知太阳的特点。

二、教学重难点

（1）找准关键词和中心句，感受太阳的特点以及与人类的密切关系。

（2）掌握基本的说明方法，了解课文如何运用不同的说明方法介绍清楚太阳的特点。

三、教学设计

第 1 课时

（一）故事对比导入

出示《后羿射日》的相关故事文本，引导学生感知神话故事和本篇课文的不同。

教师：神话故事《后羿射日》和本篇说明文《太阳》都是和太阳有关系的文章，读起来有什么区别？

总结：①文体上，《后羿射日》是神话故事，以记叙为主，讲了一件事，《太阳》是说明文，以说明为主；②语言上，神话故事语言更加生动，《太阳》语言简单直接，平实易懂。

（二）介绍文体特点

在此基础上，介绍说明文文体的特点。

（三）习得生词，速读课文

抓住关键词句，了解课文大概内容主要分为两部分：

（1）太阳的三个特点（1—3段）。

（2）太阳与人类的关系密切（4—7段）。

（四）拎取要点

本篇课文1—3段介绍了太阳的哪三个特点？能否概括出来。

介绍这些特点时，分别运用了什么说明方法？

（五）绘制结构提纲

尝试用表格图绘制文章1—3段的结构提纲。

表3　1—3段结构提纲

			说明方法	示例
《太阳》	太阳三大特点	远（第1段）	列数字 举例子	
		大（第2段）	列数字 做比较	
		热（第3段）	列数字 打比方	

第2课时

（一）复习巩固

用表格图复习巩固"介绍太阳特点时使用的说明方法"。

（二）分析文章

（1）围绕"太阳与人类关系密切"的有关内容，课文从哪几个方面阐述的？制作表格。

（2）结合课文中的相关语句，自由画图，用示意图讲一讲云、雨、雪、风的形成，感受说明文语言的简单易懂。

（3）感受说明文中心句的作用。

作业：查阅相关资料，补充拓展太阳对人类还有哪些巨大作用？你能否试着接着课文补写一部分。

《松鼠》教学设计

一、文本解读

《松鼠》这篇说明文语言生动、活泼、形象，细致地描绘了松鼠的外形，并让学生感受到松鼠的特点。在语言表现方面，此篇文章与前一课《太阳》存在着明显差异，因此需要让学生体会说明文不同的语言风格。通过这篇课文的学习，引导学生掌握写作素材搜集与整理的方法，这是写说明文的重要一环。本篇课文不仅能够准确说明松鼠的特点，还能够进行细致的描绘，让语言读起来生动有趣，引人入胜，是指向"写作"的很好的阅读素材，引领学生在学习准确介绍事物特点的同时，注意语言的表达，感受说明文也可以对事物进行细致的描绘。

二、教学重难点

（1）感受作者说明松鼠特点时，细致、生动、活泼的语言风格。

（2）抓住关键语句，梳理并分条记录松鼠的相关信息，准确把握松鼠的特点和表现。

三、教学设计

第 1 课时

（一）导入新课

出示松鼠图片并播放松鼠纪录片，导入新课。

（二）习得生词，阅读课文

通读全文，学习生词。

（三）提炼特点，记录信息

从课文中提炼松鼠的特点，并分条记录下松鼠的相关信息，完成表格（见表4）。

表4　松鼠特点表

特点	相关语句

（四）细读语句，感受特点

（1）出示文段，这一段感受到松鼠的特点：漂亮。

（2）是从哪些方面感受到的？请概括。

学生交流：面容、眼睛、尾巴、坐姿……

（3）这些方面是如何写的并且让我们从中感受到了漂亮？

（描绘的词语、修辞手法等）

（五）自主学习，补充表格

自主学习后面两个主要特点，补充表格（见表5）。

表5　松鼠特点及表述

特点	相关语句	描写方面	相关方法
漂亮			
驯良			
乖巧			

第 2 课时

（一）对比《松鼠》和《太阳》

表6　《松鼠》与《太阳》的对比

课文	主要特点	说明方法	表达效果
《松鼠》			
《太阳》			

（二）分析表格

我们可以发现，《太阳》所介绍的特点更客观，而《松鼠》的特点相对抽象和主观。

教师引导：基于事物自身的风格特征、性质特征的差异，可以选择适合介绍它的说明方法和话语风格。

"介绍一种事物"写作教学设计

一、教学重难点

（1）引导学生学会分段介绍一种事物的各个不同方面。

（2）能正确地使用不同的说明方法描述清楚事物的特点。

二、课时安排

2课时，第1课时写前导，第2课时当堂写作。

三、教学设计

第**1**课时

（一）定题：介绍哪种事物?

回顾本单元的课文《松鼠》《太阳》，并展示《鲸》《风向袋的制作》两篇文章，引导观察题目特点：这些题目中都有事物，其中《风向袋的制作》还体现出这篇是具体说明事物制作流程的说明性文章。

选择一种你喜欢并且熟悉的事物。（事物类型：可以是动物、植物、物品、美食……）

（二）明特点，选方面

思考：你喜欢的事物有哪些特点？你想从哪些方面介绍它呢？

提供图示（见表7）：

表7　图示表

事物类型	特点	方面
动物		外形、生活习性（食、住）
植物		外形、生长特点、颜色、味道、喜好……
美食		食材、味道、制作方法（色香味）
物品		外形、作用……

（三）定方法：如何将特点介绍清楚?

总结两种方法：①运用说明方法（列数字、做比较等，如《太阳》）；②运用描写手法，对事物进行白描（如《松鼠》）。

表8　介绍特点表

事物	从哪些方面进行介绍	具有的特点	说明方法/描写手法	需要搜集整理的资料和信息

课堂写作。

参考文献

［1］人民教育出版社　课程教材研究所小学语文课程教材研究开发中心编著.义务教育教科书教师教学用书·语文五年级上册［M］.北京：人民教育出版社，2019.

［2］裴海安主编.名师同步教学设计·小学语文五年级上册［M］.太原：山西教育出版社，2019.

［3］温儒敏，陈先云总主编；李学红，张琳；王运，吕蔚屏分册主编.统编小学语文教科书教学设计与指导·五年级上册［M］.上海：华东师范大学出版社，2019.

深圳市南山区荔香学校　张　欣

人物描写记叙文单元整体教学设计

——以五年级（下册）第五单元为例

单元文体整体解读

一、人物描写记叙文单元教学定位分析

本单元在五年级下册部编本教材中属于习作单元，担负着在描述或记叙类文章中人物形象刻画方面的基本任务，其单元语文要素是"学习描写人物的基本方法"和"初步运用描写人物的基本方法尝试把一个人的特点写具体"。为了贯彻、落实要素，达到人物描写训练的目的。本单元设置了《人物描写一组》和《刷子李》两篇精读课文，这两篇课文均为小说选段，小说在刻画人物形象上表现突出，学生可以通过这两篇课文掌握描写人物的基本方法。单元还特别设置了《我的朋友容容》和《小守门员和他的观众们》两篇关于人物描写的短文，在习作例文板块，有助于学生掌握描写人物的基本方法，将某个人的特点写具体。

写一篇记叙文，人物描写是其中很重要的部分，如何能够把一个人物形象细腻地描写出来，需要系统地学习和训练。在小学之前的课程中，有涉及人物形象描绘的部分，例如五年级上册练习用文字"漫画"人物，本单元在此基础之上，逐步补充人物形象描写的方法，把课文学习与写作练习紧密联系，使学生在经过了一篇篇课文的学习后，会用方法进行人物形象描绘，把角色的特征写得具体。

二、人物描写记叙文单元整体教学目标及分解目标

表1　人物描写记叙文单元整体教学目标及分解目标

单元目标	课文	分解目标
基本掌握描写人物的方法； 初步运用描写人物的方法，把某个人的特点写具体	《人物描写一组》	能结合三个片段中描写人物的语句说出人物的特点，把握人物形象； 提炼刻画人物形象的基本方法，学习作者通过选取典型示例，描写人物动作、外貌等方法表现人物特点，体会其表达效果
	《刷子李》	学习正面描写和侧面描写相结合的人物描写方法，体会侧面描写烘托人物形象的表达效果
写作形形色色的人	梳理材料，构思框架，用学习的人物描写方法把人物的特点写具体	

三、人物描写记叙文单元"读写力提升"进程表

五下第五单元以记叙文为主要体式，随文依次展开以下教学（见表2）。

表2　人物描写记叙文单元教学内容及侧重点

教学内容	教学侧重点
学习选取典型事例表现人物特点，学习人物描写的基本方法； 学习正面描写和侧面描写相结合的人物描写方法	《人物描写一组》学习人物描写的基本方法，如外貌描写、动作描写、心理描写等，学会选取典型事例表现人物特点。 《刷子李》感受侧面烘托人物形象的描写方法，体会正面描写和侧面描写相结合的人物描写方法
写作一篇描写人物的记叙文	理清人物描写的思路和方法，借助图示，把人物的特点写具体

四、人物描写记叙文"读写力提升"助力工具——气泡图

气泡图是八大思维图示之一，思维图示英文称为"Thinking Maps"，是美国思维专家David Hyerle博士在1898年发明的可视化思维工具，一共包含八种：圆圈图、气泡图、双气泡图、树形图、括号图、流程图、复流程图和桥型图。其中气泡图用于说明事物的性质和特点。

该图示对于这类文体"阅读力提升"的作用有：①气泡图能够很好地帮助

小学生掌握基本知识，正确描述事物特点，在学习到一个人物时，可以引导学生描述，概括出人物的形象特点；②气泡图也可以很好地呈现出人物的个性特点，帮助学生把握作品人物的形象特点，以及相应特点所运用的描写方法，一目了然，十分清晰。

该图示对于这类文体"写作力提升"的作用在于当我们确定要对某个人物进行描写时，气泡图可以帮助学生用丰富的形容词形容出这个人的形象特点，描述出这个人的特点。针对特点再选择相应的描写方法，十分直观、清晰。

总之，该图示独有的描述特点，非常适合记叙文人物描写部分读写图式的可视化呈现。

第二板块　单篇读写教学设计及学生习作

《人物描写一组》教学设计

一、文本解读

《人物描写一组》为本教学单元的第一篇课文，且是精读课文。这一课有三个片段《摔跤》《他像一棵挺脱的树》《两茎灯草》，这三个片段刻画并塑造了不同的人物角色，在描写不同人物特点时，侧重点不一样，所运用的描写手法也各有不同，构成了一组人物描写文章。

三个片段来自小说的片段。《摔跤》选自《小兵张嘎》，片段主要运用一些细腻的动作描写来刻画小兵张嘎机智、勇敢、活泼的形象特点；《他像一棵挺脱的树》选自老舍的《骆驼祥子》，主要用外貌描写来刻画祥子的形象；《两茎灯草》选自古典小说《儒林外史》，其中的片段选取典型事例来凸显严监生吝啬鬼的形象。

通过学习本篇课文，学生可以感知在塑造不同人物的特点时，可以聚焦不同的方面，选择典型事例和恰当的人物描写方法突出其人物特点。

二、教学重难点

（1）了解文章主要内容，感受人物特点，把握人物形象。

（2）提炼刻画人物的基本方式，学习作者通过选取典型示例，描写人物动作、外貌等方法来表现人物特点，并体会其妙处。

三、教学设计

（一）猜人物，导新课

猜人物接龙：老师描述班级里的某位同学，让同学们猜是谁。被描述的同学再描述，介绍另一个人物，其他同学猜……

总结引导：我们是通过什么猜出来的？又是怎么描述，介绍人物的？

揭示课题：这是一组人物描写片段，共有三个片段，分别介绍三个主要人物。

（二）初读课文，习得字词

通读全文，学习生词。

（三）概括内容，初谈印象

指名回答这个片段描写的人物，概括片段的主要内容。引导学生通过课题、人物来概括内容。

（四）总结人物特点

用气泡图完成人物特点图。

（五）以《摔跤》为例，寻找方法

以《摔跤》为例，同学们是如何感受到小嘎子的机敏和争强好胜的呢？请说说你的依据。老师引导学生寻找原文相关语句，圈画关键词，发现一连串动作词，重点抓住动作描写来体现人物特点。

（六）对比演绎，感受效果

（1）请两组学生来演绎一下。

第一组请一位学生用旁白的形式朗读直接概括出特点的句子："小嘎子是

一个机灵、富有心计的孩子，他很会摔跤……"

第二组邀请两位男生对照课本摔跤过程的描写来表演一下。

（2）请学生评价：你更喜欢哪种方式？为什么？有什么更好的效果？

引导学生体会通过对人物具体的动作描写，更容易让读者有画面感，更生动形象地让人感知到人物特点，比直接讲出人物特点要更立体形象。

作业：完善《摔跤》的人物气泡图。

第 2 课时

（一）自主学习，绘制气泡图

按照《摔跤》的学法引导学生运用学习方法自主学习后两个片段。

小结学法：感受人物特点，结合句子，圈画关键词，总结描写人物的方法，绘制气泡图。

（二）汇报交流《他像一棵挺脱的树》

形象地写出了祥子的外形，"挺脱"一词概括了祥子高大健壮、充满活力的特点，由此可见选段着重抓住人物的外貌描写，刻画了一个身体结实、与实际年龄不符的出色的人力车夫的形象。

（三）汇报交流《两茎灯草》

方法小结：为了塑造严监生吝啬的守财奴形象，作者选取了一个最能体现他吝啬特点的事例，我们把他叫作典型事例。在写这件事例时，又具体运用相应的动作、神态描写去展现。

（四）迁移运用，初试身手

（1）小结人物描写方法：①在描写人物时，根据特点选择典型的事例；②在具体描写过程中，运用相应的描写方法，突出人物的特点；③可多种描写方法相结合。

（2）同桌的特点跟事例连连看，并补充上可以运用到的描写方法。

认真——上课认真听讲，作业总是优秀　动作、神态、语言

贪吃——每天都要带零食吃　动作、神态、外貌

乐于助人——主动扶生病的同学去校医务室，给同学讲题　动作、神态等

（3）选择一位你熟悉的人物，想一想他给你留下什么深刻的印象（具有什么鲜明的特点），选取一件最能体现他特点的典型事例，结合具体的人物描写方法，写一个片段。

作业：拓展延伸推荐阅读。

四、板书设计

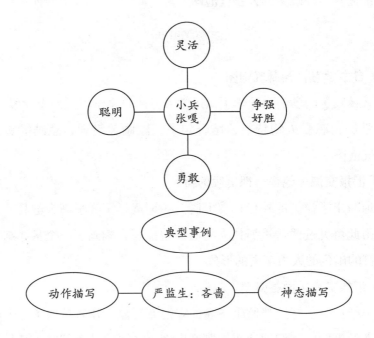

《刷子李》教学设计

一、文本解读

《刷子李》是本单元的第二篇课文，也是精读课文，体裁同样是小说，选自冯骥才先生的小说集《俗世奇人》，小说集中塑造了许多鲜明的人物形象，展现了俗世中一个个平凡普通的人，但却都有着"奇"的特点。顾名思义，本篇课文塑造了一位刷匠，拥有着高超的技艺。

通过本单元第一篇课文我们主要学习了塑造人物的基本方法，描写人物的动作、心理等，这属于正面描写，而本篇课文在此基础之上，重点还需要引导学生感受侧面描写的魅力，即通过写其他人来侧面衬托出主人公的形象，体会这种侧面描写的表达效果。课文在塑造刷子李形象时正是运用了正面描写、侧面描写相结合的方式，因而本篇课文是一个很典型的学习范例。

二、教学重难点

（1）梳理文章，感受人物形象特点。

（2）学习并掌握文章正面描写和侧面描写相结合的方法，感受侧面描写烘托人物特点的表达效果。

三、教学设计

第**1**课时

（一）关注名号，预习导入

（1）板书课题，猜想人物特点。

（2）出示原著《俗世奇人》语段，回扣理解标题，了解课文时代背景；出示原著目录页，结合"泥人张"等理解标题和相应的人物特点。

（3）字词过关，检查预习。

（二）圈画语句，体会特点

（1）结合前一课的学习，我们掌握了一些人物描写的方法，如果要表现刷子李的特点，可以怎么写呢？

（2）课文是如何写出刷子李的特点的？（提示：结合原著题目"奇人"，"奇"在哪里）用横线画出相关语句并做好批注。

（三）师生交流，梳理特点

梳理刷子李的特点，共同绘制气泡图。

（四）总结方法，关注正面描写

我们不难发现这些都是对刷子李直接的描写，正如我们上一节课所学的，描写刷子李的动作等，展现刷子李的技艺高超，展现他的奇特，这些都属于正面描写。

第2课时

（一）回顾导入

描红对刷子李正面直接描写的语句，不难发现，课文除了描写刷子李之外，还大量写到一个人，那就是刷子李的学徒：曹小三。

（二）圈画语句，感受内容

（1）请同学们浏览6—10段，画出描写曹小三的句子。

（2）圈画关键词，感受语段描写的是曹小三的心理活动。

（三）提取写法，丰富方法

（1）老师问：为什么作者要花笔墨写曹小三，本文的描写对象是曹小三吗？

答案显然是否定的，本文的写作对象是刷子李。

（2）视频体会表达效果。

播放《妖猫传》杨贵妃出场片段，众人的反应来衬托出杨贵妃的美丽。让学生感受到侧面描写的效果。

（3）小结写法：写曹小三的心路历程，对师傅的看法不断变化，这是从侧面烘托师傅的形象，这种写法叫作侧面描写。

（四）再读课文，补充特点

补充完成刷子李气泡图。

（五）拓展认知，写作延伸

（1）举例场景：舞台上钢琴家演奏得非常好。

侧面描写：描写观者的反应（描写观众的动作、心理、神态等）。

（2）小试牛刀：①妈妈做饭很好吃。侧面：写其他家人的反应。

②某同学作业写得很不认真。侧面：描写老师的反应。

（3）方法小结：我们写作文时，不仅可以直接描写主人公的动作、语言、神态等，还可以从侧面切入，描写其他人的动作、语言、神态等去烘托主人公的人物形象，将正面描写和侧面描写相结合。

作业：拓展，对比阅读《泥人张》。

第一篇

"形形色色的人"写作教学设计

一、教学重难点

理清写人物的思路和方法，一步步构建气泡图。

通过对习作例文的学习，进一步总结人物描写的方法，体会如何把人物特点写具体，通过对比，体会细致描绘的好处。

二、课时安排

2课时，第1课时写前导，第2课时当堂写作。

三、教学设计

第 1 课时

（一）谈话导入，明确特点

1. 导入

（1）单元主题是形形色色的人，我们的日常生活中也会出现各种各样的人，总有几个令你觉得印象最深，这是为什么？

随机请同学们谈谈自己的看法（引导学生讲出这些人往往具有一些显著的特点，给人印象深刻）。

（2）看一些人物图片、漫画或视频，请同学们说说哪个人物让人印象深刻，以及留下深刻印象的原因。（说人物特点）

2. 结合生活，选中人物，完成气泡图第一步

调动自己的记忆库，生活中给你留下最深刻印象的是谁？写下脑海里第一个"跳出来"的人。

3. 结合人物，挖掘特点

你觉得他特别的地方在哪里？写下他的特点，完成气泡图第二步。

4. 展示学生习作

展示分享学生所写的人物及其特点。

5. 交流梳理

交流梳理同学们所写的人物特点有哪些角度，并补充一些角度。

预设：外貌上的特点、性格上的特点、行为上的特点、特长上的特点。

（二）抓住特点，寻找依据

1. 罗列事例或证据

刚刚同学们都聊了自己脑海里最有特点的人，说其有众多特点，是要有依据的。有没有哪些相关的事例或者证据能体现出这个人具有这些特点呢？

请同学们根据所选择的人物特点，罗列与之相关的事例或者证据，继续完成气泡图。

2. 分享展示，汇报交流

将罗列"依据"最多的同学的气泡图展示出来，请其他同学分析这些依据是否都能证明所写的人物特点，特点与罗列的事例是否匹配。

3. 选择典型事例

我们写作时候需要将所有的事例全部罗列下来吗？答案显然是否定的，我们要从相关事例中选择最能够体现特点的事例，即典型事例。

（1）回顾课文，这个单元的课文描写人物是如何选取事例或依据来表现人物特点的？

如：为体现小嘎子的灵活机敏，选择摔跤这一事例最能体现；严监生一直都是吝啬的，为体现严监生的吝啬形象，选择死前最关注两茎灯草的事例……

（2）引入习作中所列举的"叔叔记忆力超群"的例子，四个事例中哪些事例最能体现"记忆力超群"这一特点？

（3）请同学们再从刚刚所罗列的依据中，找到最能体现人物特点的典型事例，做好标记。

（三）关注描写，呈现画面

当我们明确一个人的特点和相应的典型事例时，在写作时如何将人物形象立体地展现出来？如何给读者画面感？

1. 展示两段文段，对比分析，体会画面感

A. 刷子李技艺非常高超

B. 出示刷子李动作描写那一段

找学生分析哪一段更有画面感，谈谈原因。

老师小结：A句是纯叙述，只有概括性的语言，读者的感受是平面的；B句有丰富的人物描写，给读者以想象，能够有立体的画面感，人物形象更立体丰富。因而我们要对人物进行细节描写，把画面写出来。

2. 赏析习作例文

（1）习作例文《我有一个朋友容容》用了哪些描写手法？

（2）对比原文片段与"缺少描写版"，请学生谈谈文章描写的好处。

（四）例文赏析，方法总结

1. 赏析《小守门员和他的观众们》

（1）学生小组讨论这篇例文用了哪些方法去表现人物特点的？

（2）汇报交流。方法：正侧面描写结合。

2. 方法总结

（1）确定人物，明确特点。

（2）选取典型事例。

（3）正面描写与侧面描写相结合。

（4）细致描绘，呈现画面感。

（五）运用所学，写作成文

结合你的气泡图，根据自己所选择的人物和罗列的相关事例中再选择其他典型事例展开描写，也可以写多个特点，连缀成文。

四、板书设计

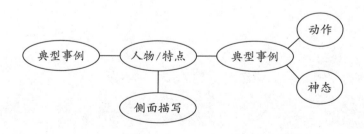

参考文献

［1］人民教育出版社　课程教材研究所小学语文课程教材研究开发中心编
　　著.义务教育教科书教师教学用书·语文五年级下册［M］.北京：人
　　民教育出版社，2019.

［2］裴海安主编.名师同步教学设计·小学语文五年级下册［M］.太原：
　　山西教育出版社，2020.

［3］温儒敏，陈先云总主编；薛峰，徐承芸分册主编.统编小学语文教
　　科书教学设计与指导·五年级下册［M］.上海：华东师范大学出版
　　社，2020.

深圳市南山区荔香学校　张　欣

点面结合记叙文单元整体教学设计

——以六年级（上册）第二单元为例

第一板块　单元文体整体解读

一、点面结合记叙文单元教学定位分析

文章按最主要的表达方式，可分为记叙文、说明文、议论文三大类，那么，记叙文则是小学高段学生接触最多的一种文体。在《义务教育语文课程标准》（2011年版）中，对第三学段（5—6年级）学生的阅读目标，有以下要求："阅读叙事性作品，了解事件梗概，能简单描述自己印象最深的场景、人物、细节，说出自己的喜爱、憎恶、崇敬、向往、同情等感受。"而在以"革命岁月"为主题的第二单元中，除了叙事类诗歌《七律·长征》外，《狼牙山五壮士》《开国大典》《灯光》三篇记叙类文章，都涉及"点面结合"的写作技巧。运用本单元的课文进行记叙文的语言表达能力训练，恰好符合课标中"能简单描述自己印象最深的场景、人物、细节"的目标要求。在本单元的单元导读中，阅读与写作训练目标分别是"了解文章是怎样点面结合写场面的"与"尝试运用点面结合的写法记一次活动"，则对本单元的教学重点进行了明确的定位与指示。

二、点面结合记叙文单元整体教学目标及分解目标

表1　点面结合记叙文单元整体教学目标及分解目标

单元目标	课文	分解目标
了解文章是怎样点面结合写场面的； 尝试运用点面结合的写法记一次活动	《七律·长征》	认识作者，理解诗意，体会并学习红军长征的精神； 认识律诗的文体特点，在起承转合的写作思路中区分高度概括和典型事例的总分关系，并熟读成诵
	《狼牙山五壮士》	理解文意，能简单梳理情节的发展； 通过对人物的分析，体会并学习五壮士的精神； 分析描写人物时是如何运用点面结合的技巧展开写作的
	《开国大典》	按时间顺序了解开国大典的全过程，培养爱国情怀与民族自豪感； 分析文中多个场面点面结合的写作技巧
	《灯光》	理解文意，体会作者对郝副营长的崇敬与怀念之情； 梳理"灯光"与"多好啊"是如何串联全文的； 分析文中战争场面里的点面结合
写作	记一次活动，并在描绘活动现场及过程的时候运用点面结合的写法	

三、点面结合记叙文单元"读写力提升"进程表

六上第二单元以记叙文为主要体式，随文依次展开以下教学（见表2）。

表2　点面结合记叙文单元教学内容及侧重点

教学内容	教学侧重点
理解文意，体会作者情感，学习人物的精神； 梳理文章的行文思路，辨清文章的详略安排； 分析点面结合的写作技巧	《七律·长征》学习理解高度概括和典型事例的总分关系。 《狼牙山五壮士》学习梳理情节的发展，并分析如何运用点面结合描写人物。 《开国大典》学习按时间顺序、地点变化清晰记录事件全过程，并能辨认多个场面描写中点面结合的写作技巧。 《灯光》学习倒叙的手法，体会线索是如何串联内容的，并分析战斗场面中的点面结合
写作一篇记叙文	能按清晰的顺序记一次活动，并在描绘活动现场及过程的时候运用点面结合的写法

四、点面结合记叙文"读写力提升"助力工具——括号图

括号图是常见的思维图示中的一种，由关键词和大括号组成，是帮助我们认识事物整体和局部之间的关系的一种思维图示。

括号图对于记叙文"阅读力提升"的作用有：①括号图的关键词，其实是文章的主要信息或重要信息的简洁概况；②括号图所形成的架构关系，能够帮助我们清晰地梳理文章的内容脉络；③在分析点面结合这类反映"整体—局部"关系的写作技巧时能轻松实现思维可视化。

括号图对于记叙文"写作力提升"的作用在于：①在学生起草作文大纲阶段，能对内容的选择进行可视化的记录；②能帮助学生梳理预定内容的结构关系和顺序，实现写作时谋篇布局层面的设计优化。

总之，括号图独有地反映"整体—局部"关系特点，非常适合记叙文读写图式的可视化呈现。

第二板块　单篇读写教学设计及学生习作

《七律·长征》教学设计

一、文本解读

这首七律创作于红军长征胜利的前夕，是一首以旧体诗为载体的叙事诗，旨在刻画不畏艰险、信念坚定的红军战士们的英雄主义和革命乐观主义精神。作者是革命领袖毛泽东，他独特的领导者气概与革命乐观主义精神更是让本诗笔力雄健，气势磅礴。

在本课的教学中，应引导学生突破律诗的篇幅局限，领略精当用词下的起承转合，并能够在理解诗意的基础上区分诗中高度概括与典型事例的总分关系。

二、教学重难点

（1）认识作者，理解诗意，体会并学习红军长征的精神。

（2）认识律诗的文体特点，在起承转合的写作思路中区分高度概括和典型事例的总分关系，并熟读成诵。

三、教学设计

第 1 课时

（1）震撼导入：通过红军长征路线图示，让学生读图说出红军长征的路线，感受长征的艰辛。

（2）扫除字词障碍，带学生通过读诗感知律诗这种文体的节奏与押韵所呈现的音韵美。

（3）逐联分析事例，体会红军长征的艰难。

总写："万水千山"。

分写："五岭逶迤""乌蒙磅礴""金沙水""大渡桥""千里雪"。

（4）介绍作者，引导学生从革命领袖的角度体会红军的英雄主义精神和革命乐观主义精神。

找出态度：不怕（总起），暖（侧面抒情），喜（直接抒情），开颜（总结），"只等闲""细浪""泥丸"（以夸张的手法蔑视困难）。

（5）播放真实的历史照片，让学生代入情境感受红军精神的伟大。

（6）配乐朗读，熟读成诵。

作业：①背诵全诗，并默写；②准备下节课前的小组诗朗诵表演。

四、板书设计

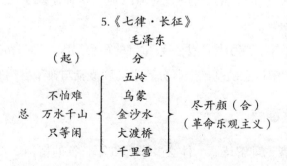

5.《七律·长征》
毛泽东

（起）　　　分

不怕难　　五岭

总　万水千山　乌蒙
　　　　　金沙水　　尽开颜（合）
只等闲　　大渡桥　（革命乐观主义）
　　　　　千里雪

《狼牙山五壮士》教学设计

一、文本解读

本课以文章的写作对象"狼牙山五壮士"为标题，聚焦了故事发生的地点，突出了核心人物，再以事件的发展为叙事线索，谱写了一曲悲壮的抗日英雄爱国战歌。

分析全文，其实从题目入手即可窥全篇。这是一篇典型的记叙文，题目中的"狼牙山"与"五壮士"已将记叙文六要素的地点、人物交代清楚。而这五位战士如何成为"壮士"，则需学生顺着本文的时间线索，梳理事件的发展，跟着英雄战斗的步伐，目睹他们是如何英勇顽强地作战，直至最后宁死不屈地壮烈牺牲。

在本课的教学中，除了以"壮士"为线索开展常规记叙文的情节梳理外，还应通过对人物的描写，体会人物精神。尤其是本文的写作对象是五位战士，所以还应让学生学会分析其中点面结合（个像与群像）的写法。

二、教学重难点

（1）理解文意，能简单梳理情节的发展。

（2）通过对人物的分析，体会并学习五壮士的精神。

（3）分析作者如何运用"点面结合"的技巧描写五壮士的战斗场面。

三、教学设计

第 1 课时

（1）背景导入：介绍抗日战争中的"游击战争"，引出本文的写作对象——七连六班的五位战士。

（2）梳理文意：阅读全文，按事情的发展顺序，概括情节发展，并能分析出作者的详略安排。

接受任务→（痛击敌人）→（引上绝路）→（顶峰杀敌）→跳下悬崖

（3）写法领悟。提问：为什么要详细写"痛击敌人""顶峰杀敌"和"跳下悬崖"部分？

最能突出五壮士的人物精神——英勇歼敌、同仇敌忾、不畏牺牲、视死如归。

第 2 课时

（1）走进人物：文章从人物的哪些方面展开描写，刻画了五壮士怎样的形象？
学会分辨人物描写的角度（外貌、神态、动作、语言、心理）。
学习分析人物形象（机智、沉着、英勇、忠于党和人民、宁死不屈……）。
（2）群像与个像：点面结合。
教师讲读第二自然段的点面结合，学生分析后面段落中的点面结合。
（3）配乐朗诵第六到第九自然段，感悟五壮士的英雄气概与崇高品质。
（4）作业：①抄写本课重点字词，掌握读音和写法；②分别抄写文中属于点和面的句子各一句，并简单分析句子所反映的人物形象。

四、板书设计

6.《狼牙山五壮士》

略　　　详　　　略　　　详　　　详
接受任务→痛击敌人→引上绝路→顶峰杀敌→跳下悬崖
　　　　　英勇歼敌　　　　　　　　宁死不屈，视死如归

他们
面
- 马宝玉　点1
- 葛振林　点2
- 宋学义　点3
- 胡德林、胡福才　点4

《开国大典》教学设计

一、文本解读

本文是原新华社副社长李普的作品，记录了新中国成立时在北京举办开国

128

大典的盛况，是一篇按时间顺序去叙述核心事件的记叙文，或者说，它更像我们在日常生活中阅读到的一篇通讯。而本文区分于上一课的重要一点，在于本文其实没有核心人物——本文是通过一个又一个的场面，来体现中国人民对新中国诞生的自豪、激动和喜悦之情。

　　故在开展本文的教学时，应引导学生学会按时间顺序清晰地描述事件，并通过场面描写来展现中心。文中有关"阅兵式"的场面描写，是点面结合手法的典型，可以详细分析。若学生能充分领悟本课的写法，则可以为他们完成本单元的写作目标"尝试运用点面结合的写法记一次活动"进行充分的技巧准备。

二、教学重难点

（1）按时间顺序了解开国大典的全过程，培养爱国情怀与民族自豪感。

（2）分析文中多个场面"点面结合"的写作技巧。

三、教学设计

第①课时

（1）趣味导入：播放近年国庆阅兵的快闪视频，再引出开国大典的影像资料，让学生抢答"毛主席用家乡口音的普通话在开国大典上说了什么"。

（2）首段观文体：在第一段找出记叙文六要素中的各要素。

（3）梳理结构：分析文章的记叙顺序，并按该顺序将文章划分结构。

开国大典前→开国大典中→开国大典后

（4）开国大典前：与会人员，场地布置，群众入场。分析群众入场部分的点面结合。

第②课时

（1）趣味导入：课本中的经典插图反映的是开国大典哪个阶段的场面？

（2）开国大典中：典礼仪式→阅兵式→群众游行。

典礼仪式：毛主席（点）→三十万人（面）。

阅兵式：整体队伍（面）→各兵种方阵（点）。

群众游行：群众（面）→毛主席（点）。

（3）开国大典后："火把照亮了北京城"的象征意义。

（4）主旨体会：讨论读后感受，体会中国人民对新中国诞生的自豪、激动和喜悦之情。

作业：①抄写本课重点字词，掌握读音和写法；②分析第十二段阅兵式部分有关毛主席和群众的描写，并辨别这两句哪句属于"点"、哪句属于"面"。

四、板书设计

7.《开国大典》

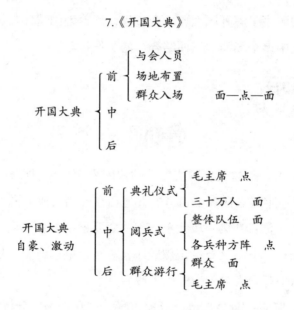

《灯光》教学设计

一、文本解读

本文是本单元的略读课文，用一个伟大的革命战士的故事，带领读者重温那段艰苦卓绝的奋斗岁月，歌颂了郝副营长无私无畏的牺牲奉献精神，内容上符合本单元"革命岁月"的主题，写法上与前两篇按时间顺序叙述事件发展的记叙文不同。本文的首尾部分，以"我"的活动，写的是现在的生活，中间的主体部分用倒叙手法写出了对感人往事的回忆，全文采用的是总分总的叙事结构。

学习本文，要学会分析本文是如何在"首尾呼应"的结构中以"灯光"为线索贯穿全文的，这是本文与前两篇课文相比"变"之所在，同时，本文也有战斗场面的描写，同样也采用了点面结合的写法，这个写作技巧的训练目标，又是本单元整体目标的"不变"所在。

二、教学重难点

（1）理解文意，体会作者对郝副营长的崇敬与怀念之情。

（2）梳理"灯光"与"多好啊"是如何串联全文的。

（3）分析文中战争场面里的"点面结合"。

三、教学设计

第①课时

（1）思辨导入。讨论：如果让你给大家讲你小时候的一段往事，你会怎样开头？

用眼前所见之景物联系往事——倒叙手法。

（2）文意串联。提问：为何因"灯光"想起往事？（阅读第三段至文末，梳理全文写作思路）

天安门广场的灯光+"多好啊"→郝副营长向往孩子能在灯光下看书的生活+"多好啊"→郝副营长在黑夜中如"灯光"一般给战士们指引方向→回到现实的灯光下，怀念战友。

（3）线索：灯光（多好啊）。

第②课时

（1）思辨导入。讨论：为什么天安门广场上的行人和郝副营长都因灯光发出"多好啊"的感慨?

灯光象征着美好幸福的生活。

(2)分析人物形象:根据郝副营长的言行,分析他是一个怎样的战士?

年轻,爱读书、爱孩子、爱生活,英勇无畏、无私伟大。

(3)聚焦战斗场面:点面结合。

郝副营长点燃书本发出的火光是"点"(在整个战斗场面中的个体特写)。

(4)领悟情感:"我又想起这位亲爱的战友来",除了怀念,你还读出了什么情感?

作业:阅读本课课后"阅读链接"中的四则材料,根据提示找出答案,并选择第四则材料的其中一首歌曲进行小组演唱排练。

四、板书设计

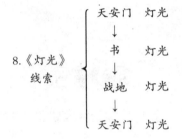

"点面结合写场面"写作教学设计

一、教学重难点

(1)学习运用恰当的叙事顺序记录一次活动。
(2)能用点面结合的写法写出生动的场面。

二、课时安排

2课时,第1课时写前导,第2课时当堂写作。

三、教学设计

（1）激趣导入：展示学生参加班级、校级活动的照片，让学生口头简述照片所反映的活动场面可以进行哪些点面结合的描写。

（2）提出作文目标：记录一次活动，运用点面结合的技巧将场面写得生动。

（3）指导学生在确定中心后，用简洁的括号图起草作文大纲。

（4）以班级某同学的某次运动会参赛为事件，将文章根据内容不同，设计划分为多个板块，现场集体创作。

第2课时

当堂写作。

四、学生习作

运动场上的追风少年

六（2）班　现场集体作文

上午九点半，同学们入场了。当各个班级都整顿完毕后，我们的"英雄"缓缓地走到了跑道上。

起初，一滴雨落了下来。紧接着，毛毛细雨落了下来，尽管这些雨形成了一层薄雾，但它并没有浇灭我们的激情。

我们的双眼仍然紧盯着吴英桢。只见他的双手捏得紧紧的，双脚一前一后在跑道上摆开。双手呈跑步姿势，眼睛一会儿瞅瞅裁判，一会儿又紧盯着前方。整个身体禁不住地抖着。当裁判说准备开始时，跑道上的六位选手摩拳擦掌，跃跃欲试。

发令枪指向天空，周围一片寂静。

"砰"——随着这一声枪响，所有人的目光紧紧盯着一闪而过的几道身影。不管是同学还是老师，都显得无比激动。

他冲过了终点，台下的呐喊，带着小鸟的鸣唱，好像都在为吴英桢欢呼。大家的欢呼声充满了整个校园。

全班同学的嗓子都喊哑了，但是欢呼声仍在继续，因为吴英桢得了第二名。等到吴英桢回来时，大家都还在鼓掌。忽然一声，"哇！怎么都开挂了！"很快，吴英桢走到了领奖台，连叶校长都说："小伙子，你很不错。你看起来很高兴。"

比赛结束了，吴英桢拿着奖牌到台上拍了照。

不知不觉，太阳已经掉到山下，刚才那些热血沸腾的同学们已经走得无影无踪了。天空中灿烂无比的白云不知被谁抹黑了，奋力跑步的吴英桢也回家了。但是比赛开始时的枪响，却在操场上一遍又一遍地回荡着。

参考文献

［1］中华人民共和国教育部制定.义务教育语文课程标准（2011年版）
　　［M］.北京：北京师范大学出版社，2012.

深圳市南山区荔香学校　余井瀛

记叙文单元整体教学设计

——以六年级（下册）第三单元为例

一、抒情记叙文单元教学定位分析

本单元是习作单元，旨在通过单元内"精读课文""交流平台""初试身手""习作例文"等教学内容，引导学生在记叙文写作中学会表达真情实感。这在整个义务教育阶段的写作训练目标中都是非常重要的，如新课标就对写作教学有如下建议："写作教学应贴近学生实际，让学生易于动笔，乐于表达，应引导学生关注现实，热爱生活，积极向上，表达真情实感。"其中，"贴近学生实际"，是希望学生能在写作时选择合适的内容，写真人真事，才便于抒发真情，而不是编作、套作、说空话。但如何才能更好地"表达真情实感"呢？本单元的两篇精读课文，则从直接抒情与间接抒情、融情于人事景物两大角度向学生示范写作技巧。"交流平台"是对两篇文章如何表达真情实感的技巧总结，"初试身手"则以随堂小训练的形式引导学生如何融情于景。"习作例文"则可以当成补充和巩固训练的材料，引导学生对精读课文教授的抒情技巧再次进行分析，加强领悟。

在进行本单元的教学设计时，必须从以读促写的角度，向学生传达正确的写作理念，并引导学生尽可能多地掌握在进行记叙文写作时可以用到的抒情技巧。

135

二、抒情记叙文单元整体教学目标及分解目标

表1　抒情记叙文单元整体教学目标及分解目标

单元目标	课文	分解目标
体会文章是怎样表达情感的； 选择合适的内容写出真情实感	《匆匆》	理解文意，体会朱自清对时不我待的细腻感慨； 能抓住关键句段，感悟作者表达情感的写作技巧； 有感情地朗读课文，加深对抒情方式的感悟，并背诵全文
	《那个星期天》	理解文意，体会"我"的心情变化； 学习融情于人、事、景物的抒情技巧
	习作例文	理解文意，体会作者的情感； 学习用具体事例、内心独白、线索表达真实情感
写作	写一篇表达真情实感的半命题记叙文"那一次，我真_____"	

三、抒情记叙文单元"读写力提升"进程表

六下第三单元以"记叙文"为主要体式，随文依次展开以下教学（见表2）。

表2　抒情记叙文单元教学内容及侧重点

教学内容	教学侧重点
理解文意，体会作者的情感； 学习表达真情实感的写作技巧	《匆匆》学习用连续问句、直抒胸臆、融情于景的方式表达情感。 《那个星期天》学习将情感融入人、事、景物的抒情方式。 "习作例文"以抒情方式专项讨论作为切入口，对精读课文中所讲的抒情方式进行巩固和补充
写作一篇记叙文	运用本单元学到的写作技巧（直接/间接抒情，融情于人、事、景物），写一篇表达真情实感的半命题记叙文"那一次，我真_____"

四、抒情记叙文"读写力提升"助力工具——思维导图

思维导图是一种放射性的思维表达工具，它焦点集中，从主干发散，层次分明，还可借助图形、颜色和代码，用于思维的整理、激发，具备非常直观、清晰、高效的思维可视化效果。

思维导图对于记叙文"阅读力提升"的作用有：①思维导图能清晰、简洁地向读者展示文章的核心词和主要内容；②思维导图的层次非常分明，能帮助读者直观了解文章的结构；③思维导图的分支发散的布局，便于进行批注笔记

或细节补充。

思维导图对于记叙文"写作力提升"的作用在于：①思维导图由中心主题向外发散的特点，可以在作文构思阶段帮助学生直观地确定中心、选择素材；②思维导图的层次分明有助于学生在作文构思阶段设计好文章的结构；③思维导图可以不断进行分支细化和批注简单的特点，有助于学生在构思阶段优化细节，例如，在本单元的习作起草阶段，学生可以在思维导图大纲中，利用分支或批注，提示自己在创作哪些内容时可以运用设计好的抒情方式。

总之，思维导图独有的"整理、激发"思维的特点，非常适合记叙文读写图式的可视化呈现。

第二板块 单篇读写教学设计及学生习作

《匆匆》教学设计

一、文本解读

本文是一篇深情且富有寓意的散文诗，是朱自清美文的代表。创作这篇散文时，朱自清才二十多岁，但他已经对时光易逝和生命应该如何度过进行了思考，并用他擅长的抒情方式向读者传达了珍惜时间、不虚度生命的积极人生观。这是本课的人文性教学目标的体现，对学生有非常正面的启迪作用。

同时，本文通过问句直接抒情的表达方式、通过景物来表现情感的间接抒情方式，都是学生学习如何表达真情实感的典型示范。在教学中，应注重分析本文的抒情技巧，并以读促写，让学生对其中的片段进行仿写，以便更好地体会如何将这样的方式运用到日常的记叙文写作中。

二、教学重难点

（1）理解文意，体会朱自清对时不我待的细腻感慨。

（2）能抓住关键句段，感悟作者表达情感的写作技巧。

（3）有感情地朗读课文，加深对抒情方式的感悟，并背诵全文。

三、教学设计

第 **1** 课时

（一）激趣导入

从"匆匆"二字的书写和意思解释入手，让学生通过竞赛书写课文题目，认识并掌握本文的核心词。

（二）背景介绍

趣味介绍作者朱自清及写作背景，并提出衔接第一段的引导问题：是什么让正值青春的朱自清感慨时光匆匆呢？

（三）文本细读

第一段：引导学生找出反映时间流逝的事物，并结合作者的排比问句，得出问题答案——当他发现属于人的美好时光一去却不能复返的时候。

第二段：提问——除了一去不复返，时间的流逝还有怎样的特点？引导学生找到问题答案——时间的流逝无声无息。

第三段、第四段：提问——无声无息流逝的时光要如何感知？引导学生继续通过找到关键词，分析出表达作者感受到时光飞逝、虚度的技巧——化抽象为具体，情景交融。

第五段：结尾扣题，呼应首段，再次追问，引发读者的思考。

（四）小结全文

指导学生有感情地配乐诵读。

第 **2** 课时

（一）问题导入

回顾前文，提出思考问题：面对逃去如飞的日子，朱自清的感慨里有哪些层次的态度？

（二）情感体会

引导学生分析朱自清在全文中由伤感到珍惜到挽留到不甘时光虚度的情感变化过程，分析出本文虽伤感却非但不消极反而非常正面地启迪读者要珍惜时光的积极主题。

（三）总结抒情技巧

追问直接抒情；化抽象为具体，融情于景；巧换人称，如同对话，自然抒情。

（四）改写训练

让学生仿写第三段中运用具体生活场景来表现时间流逝的句子，体会融情于景的写作技巧。

作业：①通过抄写，掌握本课重点字词的读音、写法；②熟读至能背诵全文。

四、板书设计

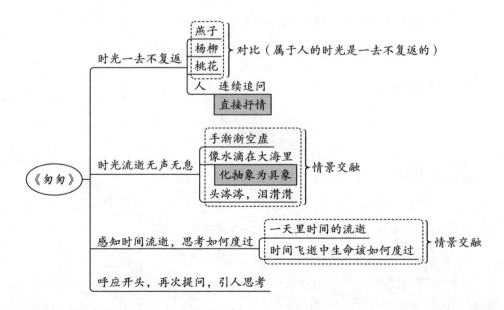

《那个星期天》教学设计

一、文本解读

本文是史铁生长篇小说《务虚笔记》的节选，写一个孩子等待母亲带他出去玩的经历。小说采用第一人称"我"的口吻来叙述，以一个小男孩的视角，将那个星期天的所见所闻所感细腻地表现了出来。情节也采用了小说"一波三折"的理念，写一个小男孩一而再再而三地漫长等待，生动刻画了"我"的心理变化的过程。

而作为习作单元的精读课文，教学时应注重引导学生感受融情于人、事、景物的抒情方式，并引导学生比对上一课《匆匆》的抒情方式，在分析异同的过程中强化表达真情实感的写作技巧。

二、教学重难点

（1）理解文意，体会"我"的心情变化。

（2）学习融情于人、事、景物的抒情技巧。

三、教学设计

（1）设悬导入：那个星期天为何难忘？

（2）梳理全文内容。让学生朗读第一段，并提出贯穿全文的主问题："我"盼望做什么？"我"经历了怎样的情绪变化？

让学生带着问题快速浏览全文，并找出问题答案。

（3）文本细读：从第二段起逐段分析文本，在理解意思的同时引导学生分析本文融情于人、事、景物的抒情方式。

第二段：心理描写交代前情，并抒发盼望之情。

第三段：动作、景物、心理描写、人物对话抒发盼望之情。

第四段：人物动作、心理、景物描写抒发焦急的等待。

第五、六段：人物对话、心理、动作、景物抒发从焦急到失望的情感。

第七段：人物心理、动作、对话和景物抒发从失望到绝望的难过。

（4）小结全文的情感变化。

第2课时

（1）活动导入：展示文章中的句子摘录，让学生用抢答的形式辨析句子属于什么描写，表达了作者怎样的感情。

（2）总结本课的抒情技巧：融情于人（内心独白/心理，动作，语言）；融情于事（情节变化推动全文的情感变化）；融情于景（正衬和反衬）。

（3）结合本单元的"初试身手"部分，让学生模拟心情"好"与"不好"时可以如何融情于景，现场口头讲述。

（4）结合"交流平台"，引导学生结合《匆匆》总结两篇精读课文中典型的抒情方式：《匆匆》的直抒胸臆（直接抒情）；《那个星期天》的融情于人、事、景物（间接抒情）。

作业：①通过抄写，掌握本课重点字词的读音、写法；②写一段用景物来间接抒发人物心情的文字。

四、板书设计

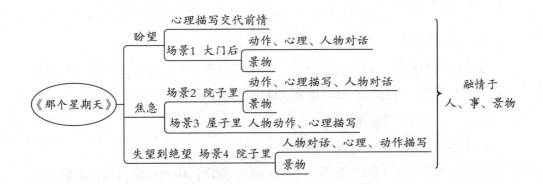

习作例文教学设计

一、文本解读

习作例文给出的两篇记叙文，都是贴近生活的叙事散文，恰巧弥补了本单元两篇精读课文一篇是抒情散文诗、一篇是小说的文体片面性，而且抒情目的都非常明确，对启发学生从真实生活中选材抒发真实情感，起到了很好的示范作用。

此外，两篇记叙文，一篇以一件事贯穿全文，一篇以一条主线贯穿全文，结构上也互为补充，同样可为学生在进行记叙文创造时选择一件事还是多件事展开记叙形成谋篇布局上的良好示范。

而且，以两篇例文为例，让学生在阅读后分析两篇叙事散文运用了哪些学过的抒情方法，也是对本单元重点目标的补充、检验和巩固。故教师应利用好这两篇例文和配套的批注，让学生更好地体悟记叙文写作应如何表达真情实感。

二、教学重难点

（1）理解文意，体会作者的情感。

（2）学习用具体事例、内心独白、线索表达真实情感。

三、教学设计

（一）任务导入

快速阅读两篇例文和批注，感受写主事件与多件事、写自己与写他人的文章结构上的区别，并能用自己的话表达读完后对作者情感的初步把握。

（二）《别了，语文课》课文分析

（1）主旨总结：对祖国文字的热爱。

（2）抒情方式：用几个细节事例写出情感变化；用内心独白直抒胸臆；用典型事件、场景抒发情感。

（三）《阳光的两种用法》课文分析

（1）主旨总结：对普通劳动者、对平凡生活的赞美。

（2）抒情方式：用具体事例写出作者对母亲、毕大妈这样的劳动者的赞美；用"老阳儿"贯穿全文的情感脉络。

（四）拓展引申

请选择一篇例文，谈谈生活中有没有类似的经历，当时自己的感受如何。

四、板书设计

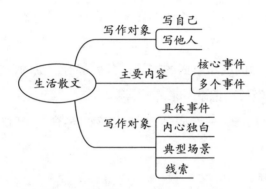

"真情实感写事件"写作教学设计

一、教学重难点

（1）学会观察生活，提取真实经历，写一篇目的明确的半命题记叙文。

（2）选择合适的内容和方式写出真情实感。

二、课时安排

2课时，第1课时写前导，第2课时当堂写作。

三、教学设计

第①课时

（一）讨论导入

习作插图中展示的正面的和负面的两大类情绪，生活中我们都经历过，那么，如果写的是负面情绪，意义何在？请以插图中的一种举例分享观点。

（二）明确写作目的

（1）负面的情绪也能引发正面的思考，得出有积极意义的结论，它们传授的生活智慧给我们上了一节又一节真实的哲学课。

（2）无论是正面的或是负面的情绪，背后都有宝贵的成长经历，选一件你认为有回顾意义的经历，记录下来。

（3）布置题目：写一篇表达真情实感的半命题记叙文"那一次，我真_____"。

（三）写法指导

教师指导学生用思维导图起草作文大纲。

（1）用思维导图画出提纲，设计文章结构。

（2）在思维导图相应的位置上补充可以运用哪些抒情技巧的批注。

参考文献

[1]中华人民共和国教育部制定.义务教育语文课程标准（2011年版）

　　[M].北京：北京师范大学出版社，2012.

深圳市南山区荔香学校　余井瀛

第 二 篇

7-9年级"读写力提升"

单元整体教学设计

新闻写作单元整体教学设计

——以八年级（上册）第一单元为例

第一板块 单元文体整体解读

一、新闻单元教学定位分析

新闻是电视、报纸、网络、电台等媒体用于记录和传播信息的一种文体。广义上的新闻包括消息、特写、通讯、新闻评论等样式。

部编新教材八年级上第一单元所选五篇文章涵盖了新闻的四种样式。本单元新闻学习分为三个活动任务单：任务一新闻阅读；任务二新闻采访；任务三新闻写作。学习新闻的四种样式，首先要学习新闻最基本的样式——消息。

消息是简明扼要地记录和报道新近发生重要事实的一种新闻样式。它包括标题、导语、背景、主体、结语五个部分。本单元《消息二则》是消息的典范之作，标题简洁醒目，导语简明扼要，正文精简畅达。为明确消息的文体特征，将此文作为消息的"范本"进行教学。以《消息二则》为范本，我们不难发现《首届诺贝尔奖颁发》内容上的逻辑安排比较混乱，这一篇可以进行调序性改写。《"飞天"凌空》是一篇特写，我们可以对比特写与消息的不同之后，让学生把这篇特写改为一则短消息，尝试文体转换式改写。《一着惊海天》是一篇通讯。对比通讯和消息的不同后，可以让学生对此篇进行压缩，改为一则短消息，尝试压缩式改写。《国行公祭，为佑世界和平》是一篇新闻评论，找出评论性语句后，试着去除评论性语句，进行文体转换，改写成一则短消息。

这一单元"读写力提升"教学以消息为基本新闻文体，以流程图为读写力抓手，进行调序性改写、压缩式改写、转换文体式改写等，不断将了解识记新闻各类样式的低阶学习，转换为辨别、分析、对比、各类新闻文体改写的高阶学习。

二、新闻单元整体教学目标及分解目标

表1　新闻单元整体教学目标及分解目标

单元目标	课文	分解目标
了解新闻四类体裁作品的特点，学习读新闻的方法，养成读新闻的习惯； 能够以小组为单位制定新闻采访方案，草拟采访提纲，分小组实地采访，收集新闻素材； 根据采访内容，每人写一则消息。尝试特写或通讯写作	《消息二则》	学习消息； 能区分消息的五个部分及主要内容； 把握消息主要特点，了解作者立场观点
	《首届诺贝尔奖颁发》	把握主要内容；学习改写消息
	《"飞天"凌空》	学习特写，把握主要内容； 体会特写中描写的妙用； 对比消息与特写的区别
	《一着惊海天》	学习通讯，把握主要内容； 对比通讯与消息、特写的不同
	《国行公祭，为佑世界和平》	学习新闻评论，把握主要内容； 对比新闻评论与消息的不同
新闻访谈	熟悉新闻访谈的方法与步骤； 确定访谈题材，制定访谈方案，拟定访谈提纲； 分组实地访谈，收集新闻素材，开展访谈汇报	
新闻写作	根据本单元内容，进行新闻多种样式的相互转换和改写； 访谈汇报后，撰写新闻特写、通讯等，任选一项完成写作	

三、新闻单元"读写力提升"进程表

八上第一单元以新闻为主要体式，随文依次展开以下教学（见表2）。

表2 新闻单元教学内容及侧重点

教学内容	教学侧重点
了解新闻的四种样式； 学习了解消息的特点； 学习改写消息； 学习特写，对比特写与消息的异同； 学习通讯，对比通讯与消息、特写的异同； 学习新闻评论，比较新闻四种样式的异同	《消息二则》学习消息特点，区分消息的五部分，品读消息语言简明扼要的特点。 《首届诺贝尔奖颁发》依据消息范本，调序改写这则消息。 《"飞天"凌空》学习特写，与消息对比异同，改写为消息。 《一着惊海天》学习通讯，与消息、特写对比异同，压缩为消息。 《国行公祭，为佑世界和平》学习新闻评论，对比四种新闻样式的异同，进行单元小结
新闻写作	依据"古城新貌"访谈，写一篇消息和一篇特写或通讯

四、新闻"读写力提升"助力工具——流程图

流程图，也称为输入—输出图，它能直观地描述某一过程的具体步骤，对准确了解事物的进程极有帮助。流程图一般采用简单的边框符号如椭圆形、矩形等，也可以不加边框绘制。绘制时，按照事物发生发展的过程依次呈现，用箭头表明过程的流向。

新闻这类实用类文体，有固定的流程和体式特征。用流程图来作为新闻类文体的读写图式，既能明确简洁地看清所读新闻的结构，也能清晰有序地把握新闻主体内容，更为写作新闻的基本文体——消息做好文体铺垫。流程图既能呈现所读新闻的阅读图式，也是写作新闻的写作图式。

流程图对于新闻"阅读力提升"的主要作用有：①能清晰呈现新闻的体式特征；②能快速、准确地展示新闻的结构流程，把握新闻的主要内容。

流程图对于新闻"写作力提升"的主要作用有：①写作前可以用流程图确定新闻写作提纲；②写作中运用流程图明确写作思路；③写作后依据流程图互评和自评修改新闻。

第二板块　单篇读写教学设计及学生习作

《消息二则》教学设计

一、文本解读

毛泽东，我国伟大的无产阶级革命家、军事家、政治家，被《时代》杂志评为20世纪最具影响力的百位名人之一。他高瞻远瞩、志向高远、叱咤风云，16岁就说出"春来我不先开口，哪个虫儿敢做声"的豪言；17岁立下"孩儿立志出乡关，学不成名誓不还"的壮志；25岁写下"自信人生二百年，会当击水三千里"的华章！毛泽东的枪杆子能打天下，笔杆子能安天下！

《消息二则》写于1949年4月，正值辽沈、淮海等三大战役结束，中国人民解放军在全中国取得胜利已成定局的伟大时刻。但国民党反动派仍负隅顽抗，1949年4月20日公然拒签国内和平协定。于是，1949年4月21日，毛泽东发布了向全国进军的指令。4月21日凌晨，人民解放军百万大军发起渡江战役。4月22日，毛泽东挥笔写下了这两则鼓舞士气、振奋人心的消息。这两则消息也成为此后新闻工作者消息写作的范本。

二、教学重难点

（1）学习消息的组成部分及主要内容。
（2）了解作者的立场观点。

三、教学设计

（一）激疑导入
同学们收看《新闻联播》吗？新闻是什么？（新闻一般是新近发生的事）
（二）简介新闻及本单元学习任务单
（1）新闻六要素：何时、何地、何事、何人、何故、如何。

（2）新闻常见体裁：消息、特写、通讯、新闻评论。

（3）本单元主要有三项学习任务：学会阅读新闻、学习新闻采访、学习消息写作。

（三）何为消息

消息包含标题、导语、主体、背景、结语（有时背景、结语暗含在主体中）。

（四）阅读《消息二则》，标注要点

5分钟在书中标注消息的各部分。

尝试用流程图画出第1则消息的写作内容。

（五）小组交流，全班完成问题

（1）分清消息一的标题、导语、主体、背景、结语。

（2）消息一的流程图展示（板书如图1所示）。

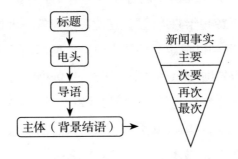

图1　消息一流程图

（六）标注组成元素，分析消息

3分钟迅速标出消息二的组成元素，分析第二则消息的主体部分呈现的主要事实。

（七）小组讨论，全班交流

第二则消息的写作内容，主体部分呈现的主要事实。

消息中有体现作者主观态度的语句吗？这则消息是如何体现新闻的实效性的？这则消息有背景和结语吗？

作业：试着按消息结构的五部分写一则"班级新闻"。

《首届诺贝尔奖颁发》教学设计

一、文本解读

诺贝尔奖，共有物理、化学、生理（医学）、文学、和平五个奖项，它也是这五个领域的研究者们梦寐以求的世界级最高奖项。它由瑞典著名化学家、硝化甘油炸药的发明者——诺贝尔创立。

诺贝尔，一生热衷于科学探索和技术发明事业，曾获得355项发明专利。他不仅积极投身研究发明，还在20多个国家兴办了近100家公司和实业，也因此积累了巨额财富。他无婚无子，把毕生精力献给科学事业。他曾说："我的幸福是为了人类过上更幸福的生活而发挥作用。"他立下遗嘱把自己所有遗产都用于奖励勇攀科学高峰的后人们。

这篇消息报道的正是1901年12月在瑞典首都斯德哥尔摩举行的首届诺贝尔奖的颁奖盛况。消息的主体部分先列举出五位获奖者的国籍、姓名等信息；接着，写明诺贝尔奖的颁奖机构、时间和地点；最后，交代诺贝尔奖的来由、资金管理权与评奖权分离等内容。

但是，如果以《消息二则》为消息模板，这篇消息的写作逻辑顺序显得有些混乱，可以当堂请学生讨论合理的消息写作顺序，调序后改写。

二、教学重难点

（1）把握消息的主要内容。

（2）学习调序改写消息。

三、教学设计

（1）回顾新闻六要素、新闻四种体裁、消息的主要成分。

（2）5分钟自读第2课，标出消息的五部分，并画出第2则消息导语及主体的流程图，如图2所示。

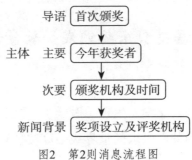

图2　第2则消息流程图

（3）质疑此则消息的写作顺序是否合理，并试着给本则消息加一条结语。

（4）小组交流2分钟，讨论出合理的顺序，商量如何拟定结语。

（5）全班分享交流结果。

合理的写作顺序：首次颁奖——奖项的设立背景及评奖机构——今年获奖者——颁奖机构。

将确立的最终颁奖时间作为结语，另起一段。改后的结语为："从1901年12月10日起，诺贝尔的授奖仪式都将在每年的12月10日诺贝尔逝世周年纪念日在瑞典的斯德哥尔摩和挪威的奥斯陆举行。"

作业：按本课调整过后的主体顺序及补充的结语，改写本则消息。

《"飞天"凌空》教学设计

一、文本解读

新闻特写与消息不同，一般截取新闻事实的横断面，抓住富有代表性的某个空间或时间，通过一个场面、一个片段等，对事件、人物或景物展开形象化的报道。新闻特写是一种极富现场感、生动活泼的新闻体裁。新闻特写以描写为主要表达方式，对新闻事实中某个最具典范性的片段、横截面或细节，进行细节化的放大和形象化的再现。

"飞天"是甘肃敦煌莫高窟佛教壁画里飞行的天神，以其优美的身姿、婀娜的舞态而闻名于世。这篇新闻特写，将1982年在印度新德里第九届亚运会上夺得女子10米高台跳水冠军的中国选手——吕伟比作"飞天"，有着丰富的表达效果。既体现出中国跳水姑娘吕伟在高台跳水中的精彩表现，也以生动形象的比喻让这则特写有了新颖醒目的标题。

这篇新闻特写用以动衬静法、特写镜头法、侧面烘托法等多种写作手法，生动呈现了吕伟精彩夺冠的场面。不仅热情赞扬了吕伟精湛的跳水技艺，还通过外国记者的反应、印度观众的惊叹，用侧面描写的方法表达出强烈的民族自豪感和爱国热情。

二、教学重难点

（1）学习新闻特写及其特点。
（2）品味文章优美而生动的语言。
（3）感受运动员努力拼搏的精神，体会作者的爱国之情，增强民族自豪感。
（4）尝试将特写改为消息。

三、教学设计

（一）介绍什么是新闻特写

所谓特写，本是摄影、电视、电影的一种常用手法，指拍摄人或物的某一不凡，使之放大占据整个画面，形成强烈视觉效果，以增强艺术表现力。新闻特写，是指采用类似于特写的手法，以形象化的描写作为主要表现手段，截取新闻事件中最具有价值、最生动感人、最富有特征的片段和部分予以放大，从而鲜明再现典型人物、事件、场景的一种新闻体裁。

（二）表格法对比新闻特写、消息、通讯的异同

表3　新闻特写、消息、通讯的异同

体裁	新闻特写	消息	通讯
相同点	新闻性、时效性、真实性		
内容	新闻事件的片段 新闻事件的横剖面，着重精彩瞬间	新闻事件的全过程	新闻事件的纵剖面，展示完整的新闻事件来龙去脉
语言	以描写为主，采用多种文学手法，生动形象地报道新闻事实	以记叙为重	以记叙、描写为主，兼有抒情、议论

153

（三）流程图法梳理《"飞天"凌空》的特写内容

特写手法：①比喻；②正侧面描写；③对比；④拟人；⑤夸张；⑥准确的形容词；⑦精准的动词。

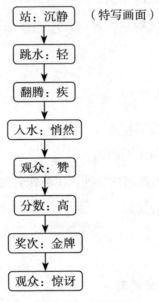

图3 《"飞天"凌空》特写画面

（四）观看视频，捕捉镜头

观看《南山风骨，国士无双》——钟南山院士获得共和国勋章短视频，捕捉"新闻特写"镜头。

作业：选做其中一项。①将这篇特写改写为一则短消息；②以"南山风骨，国士无双"为题，尝试写作新闻特写。

《一着惊海天》教学设计

一、文本解读

通讯，是报纸、电台、通讯社常用的文体，综合运用叙述、描写、抒情、议论等多种表达方式，能具体、生动、形象地叙写新闻事件或典型人物。通讯与消息一样，具有新闻及时、准确的基本特点，但报道的时效性较长、报道的内容更详细，采用的表达方式、修辞手法也更为多样化。

这篇通讯《一着惊海天》，标题采用夸张的修辞，写出我国航母舰载战斗机首架次成功着舰的盛况。这次降落意义重大——它意味着中国海军解决了世界公认的最具风险的舰载战斗机着舰难题。作者通过一步步呈现着舰的时间、指挥员、飞行员、记者、外国某一名上将等相关人物的言行举止，详细而生动地展示了我国首架次航母舰载战斗机着舰的具体过程。这篇通讯不仅极好地传达出富国强军的豪情，还有助于培养学生的爱国情操。

二、教学重难点

（1）了解通讯有关知识，明确通讯的特点。

（2）感知课文内容，培养提取信息和压缩文章的能力。

（3）感受作者的爱国激情，培养学生的爱国情操，激发富国强军的豪情。

三、教学设计

（1）回顾通讯和消息的区别。

（2）标清自然段，理清这则通讯的记叙顺序：以时间为序。

（3）改变叙述视角，以客观报道而不是"目击"的角度，以时间为序，压缩这则通讯为一则消息。自读8分钟，并用红笔或荧光笔画出主要信息点。

（4）全班拟定压缩后的消息的导语：2012年11月23日，我国航母舰载战斗机首架次成功着舰。

（5）小组为单位，3分钟口述主要事件内容。

（6）全班集体交流。

作业：将这则通讯缩写为消息，语言尽量简洁明了，去除"目击"内容和描写镜头，只进行客观报道。

《国行公祭，为佑世界和平》教学设计

一、文本解读

新闻评论，是新闻体裁的一种。是作者对新近发生的新闻及事实、新闻中

隐含或表现出的问题，发表见解或者归纳整理的新结论、新观点。新闻评论具有时效性、针对性、准确性、说理性、思想性的特点。

2017年12月13日，《人民日报》发表了《国行公祭，为佑世界和平》这篇新闻评论。这一天，是南京大屠杀80周年纪念日，也是第4个南京大屠杀死难者国家公祭日。发表此文，不仅是深切缅怀在南京大屠杀中遇难的无辜国民，也在沉痛警醒全体中国人——勿忘国耻、牢记历史。这篇新闻评论简述了第4次南京大屠杀国家公祭日的基本状况，阐明举行国家公祭的必要性和重大意义，有力表达了中国捍卫世界和平的坚定信念。

二、教学重难点

（1）速读全文，把握评论内容和写作思路。

（2）对比不同体裁新闻作品的特点。

（3）养成阅读新闻的习惯，关注社会生活，培养爱国情操。

三、教学设计

（一）介绍新闻评论

什么是新闻评论？

（二）表格法对比消息和新闻评论的区别

表4　消息和新闻评论的区别

体裁	消息	新闻评论
内容	简要报道新闻事件的全过程	就某一新闻事实，发表意见、阐明道理，表明立场、观点、态度和主张
语言	以记叙为重	在记叙主要事实的基础上，发表议论，进行评述
结构组成	标题、导语、主体、背景、结语	就主要事实发表观点，引用相关资料证明观点，最后得出结论，发出号召

（三）理清文章，总结消息

理清这篇新闻评论的主要事实，变成一句话消息，如下：

2017年12月13日，南京大屠杀80周年，也是第4个南京大屠杀国家公祭日，中国再次以隆重的公祭仪式悼念死难同胞。

（四）自读课文，筛选语句

5分钟自读课文，筛选出文中表明作者观点的评述性语句。

（五）齐读语句，分析论述

全班齐读这些议论评述性语句，分析作者如何就"中国以隆重的公祭仪式悼念死难同胞"这一事实展开论述，体会新闻加入评论的作用，并区分记叙和议论这两种表达方式的不同。

（1）引论部分：中国人民永远牢记南京大屠杀历史，与全世界爱好和平与正义的人们共同维护和平。（主要观点）

（2）本论部分阐述内容如下：

① 历史，不可能被忘却。（正面论述，引用美国、加拿大、美国图书馆、日本相关研究会等事实论证）

② 一些人以丑态百出的表演，妄图辱没人类良知。（反面论证，引用日本右翼分子、大阪市长等反面事实论证）

③ 事实不会因巧舌抵赖而消失，日本右翼越顽固，越会引起爱好和平的人们高度警惕。南京大屠杀，早已是所有正义力量的集体记忆，唯有日本右翼分子仍在梦中呓语。国家公祭日之长鸣警钟振聋发聩，那些装睡梦游的罪恶灵魂无处遁形。（正面论述，引用日内瓦裁军会议、联合国人权理事会的做法，论证永远牢记的意义）

④ 80年，沧海桑田。南京这座城市是在第二次世界大战中饱受战火摧残的一个典型，如今成为国际和平城市后，方便全世界的人们更多地了解中华民族热爱、追求和平的悠久历史。（正面论证，引《纽约时报》的报道，引国际和平城市协会项目执行会长弗雷德的话）

⑤ 第8段都是议论，也是新闻评论的结论：铭记历史，缅怀先烈，珍爱和平，开创未来，中国一以贯之的和平誓言，彰显坚定的信念，磅礴的力量。

（六）观看视频，激发爱国热情

观看《南京公祭日》视频，激发学生"勿忘国耻"的爱国热情。

作业：去除这些评论，将这则新闻评论缩写为一则消息。

"学习新闻采访"写作教学设计

一、教学重难点

（1）学习访谈提纲的拟定，自行拟定一个访谈提纲。

（2）汇报交流访谈情况，独立写作一篇消息、特写或通讯。

二、课时安排

3课时，第1课时写前导，第2课时小组访谈汇报，第3课时当堂作文。

三、教学设计

第①课时

（1）回顾本单元所学的四种新闻体裁。

（2）结合本单元相关作业谈谈"消息""特写""通讯""新闻评论"的不同，再次强化消息的组成要素，有效掌握消息写作要点。

（3）以"古城新貌"为主题，开展新闻采访活动。分以下步骤：

① 南头古城，历经1700多年，经过一年多的翻新改造，2020年10月，正式向深圳市民亮相，悠悠古城，重新焕发勃勃生机。荔香学校距离南头古城仅隔一条街，一些同学本身就是南头古城的居民，这为本次活动的顺利进行提供了极为有利的条件。家长们也大力支持此次周末访谈活动。

② 10—12人为一组，全班分四个大组进行新闻访谈。

③ 学习如何拟定访谈提纲，见课本第15页。

④ 注意分工：拟定访谈提纲，确定访谈、拍照、录音、摄像等小组人选，访谈时注意收集必要的文字、图片、录音、视频信息。

⑤ 注意访谈中，言行得体，拍摄人物照片，先征得对方同意。

⑥ 以组为单位，制作PPT，周一展示访谈过程，分享新闻访谈见闻，可以用手机"剪映"等小工具制作访谈微视频。

第 ❷ 课时

（1）四个大组依次展示"古城新貌"见闻。

（2）小组分享时，呈现了很多有趣的内容（4个大组展示分享，用时1节课）。

①"团结协作"组——王思颖组，访谈时到得最齐，访谈素材收集最多，有南头古城博物馆照片、古城正门照片、古城新貌网红打卡地等，还有组员访谈微视频等。

②"段子手"组——阙诗语组，访谈时遇见一位打扫卫生的阿姨，无论访谈的问题是什么，回答都是"戴口罩"。

③"最佳魅力表现"组——梅寒组，小组成员除了拍到了南头古城极具特色的代表性建筑和商店，还特别制作了一个小组访谈全过程的微视频，很有创意。

……

第 ❸ 课时

当堂作文：题目一，南头古城访谈见闻；题目二，"古城新貌"访谈分享会。

写作要求：以通讯或特写的形式写作本次"古城新貌"新闻访谈见闻，题目自拟。

四、板书设计

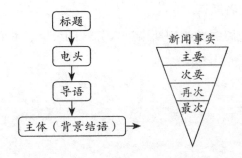

名著导读《红星照耀中国》及纪实写作教学设计

一、教学重难点

了解纪实文学作品。

名著读前导，引发阅读兴趣。

开展读书交流会，分享阅读心得。

二、课时安排

2课时，第1课时读前导，第2课时小组阅读交流展示。

三、教学设计

第❶课时

（1）《红星照耀中国》简介。

（2）纪实作品阅读的基本要求：①利用序言、目录等，迅速获得对作品的整体印象；②边读边注意梳理作品中事实的前因后果、发展线索；③把握作品中的事实之后，还要读明白作者想用事实传达的具体内容；④阅读纪实作品，获得什么启迪。

（3）小组分析交流"红军领袖人物"读书图文卡，口头交流解说。

第❷课时

（1）介绍美国记者斯诺。

（2）用流程图或路线图绘制斯诺进入苏区的线路，看看他都经历了哪些地方，遇到了哪些人？（见图4）

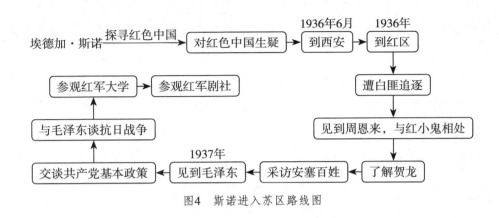

图4　斯诺进入苏区路线图

（3）"红星闪闪耀我心"：说说《红星照耀中国》里红军队伍里最照亮我心的领袖人物们。

四、学生习作

（一）班级短消息

八（7）班举行首次人物卡分享活动

荔香学校八（7）班　方宜轩

荔香社9月7日9时电　八（7）班全体同学于9月7日在荔香学校八（7）班教室开展了首次人物卡分享活动。首先出场的是第4组的6名成员，以《红星照耀中国》为读本进行人物卡展示，其中王思颖、赖锦锋等人表现出色。王思颖沉着冷静，赖锦锋则幽默风趣。第二个出场展示的组是曾瀚鑫组，他们组的课件制作简约优雅。第三个上台展示的组是阙诗语组。这一组的发言声音稍微小了些。最后，陈老师小结全课，对同学们提出了人物卡绘制的修改建议，鼓励同学们今后积极参与名著阅读特色活动，不断在阅读中丰富自我、在活动中提升自我。

（二）改写《首届诺贝尔奖颁发》

首届诺贝尔奖颁发（调序后）

荔香学校八（8）班　朱庆源

路透社斯德哥尔摩1901年12月10日电　瑞典国王和挪威诺贝尔基金会今天

161

首次颁发诺贝尔奖。诺贝尔奖由1867年化学家诺贝尔设立。即日起，根据诺贝尔的遗嘱，诺贝尔奖由四个机构颁发。诺贝尔奖每年发给那些在过去一年里在物理学、化学、生物学或医学、文学以及和平事业方面对人类做出巨大贡献的人们。今年诺贝尔奖的获得者有伦琴（物理学奖）、范托夫（化学奖）、贝林（生理学或医学奖）、普吕多姆（文学奖）、迪南（和平奖）。今后，诺贝尔奖的授奖仪式将于每年12月10日在瑞典的斯德哥尔摩和挪威的奥斯陆举行。

（三）改写特写《"飞天"凌空》为消息

吕伟跳水夺冠

荔香学校八（8）班　伍晓诺

光明社1982年11月25日电　昨日，在印度新德里举行的第九届亚运会中，我国运动员吕伟斩获女子十米跳台跳水比赛冠军。吕伟今年16岁，是中国跳水集训队中最年轻的新秀。比赛开始，吕伟从十米高台上的前沿起跳，接着向前翻腾一周半，随后空中转体三周入水。这套动作"5136"用时11.7秒，裁判们亮出了9.5的高分！吕伟精彩的表演将游泳场的气氛推向高潮，外国观众和媒体记者们热烈地鼓掌。跳水姑娘吕伟的精彩表现，不仅为自己赢得宝贵的奥运金牌，更为祖国增光添彩！

（四）通讯改为消息

我航母舰载战斗机首架次成功着舰

荔香学校八（8）班　梅寒

新华社2012年11月23日上午8时电　11月23日，我国第一架舰载战斗机在渤海成功着陆。上午8时，航母舰载战斗机首次着陆进入关键时刻。随着飞行塔台内的广播逐渐停止，指挥员从走上甲板指挥平台。8时40分，一架歼-15舰载机向辽宁舰飞来。舰载机绕弯，放下起落架和尾钩。9时08分，舰载机的两个主轮触到航母甲板上方，尾钩牢牢挂住阻拦索，而后稳稳停下。舰载战斗机上舰中国白手起家，面对技术封锁，很多人殚精竭虑、顽强攻关、累倒在试验场。这次舰载战斗机上舰成功，圆了中国人的强军梦想！

（五）新闻特写《南山风骨，国士无双》

南山风骨，国士无双
——钟院士回广州欢迎会

八（8）班　汪梦菲

2020年9月8晚，刚刚荣获共和国勋章的钟南山院士乘机返回广州。在广州医科大学广场前，受到了师生们的热烈欢迎。钟院士被学子们紧密地围着。无数的闪光灯聚拢在一起，好似浩瀚的夜空中璀璨的星海。师生们一遍又一遍激动地高喊着："南山风骨，国士无双！南山风骨，国士无双！南山风骨，国士无双！"在欢呼声和掌声的双响之下，钟南山院士身姿挺立，微笑着与师生们交谈着。

钟南山院士已是84岁高龄，但他的身体依然健朗，身姿依然挺拔。疫情爆发期间，他就是以这样高大挺拔的身姿，将国民庇护。

几番亲切的交流后，"钟院士，我爱你！"一个响亮的表白声在人群中突然炸开。大家笑了，钟院士也和蔼慈祥地笑了。钟院士笑声爽朗，语言幽默风趣。他是国民心中德高望重、才学兼备的院士，也是和蔼可亲、让民众敬佩的长辈。钟院士获得共和国勋章是众望所归，民心所向！钟南山院士也表示十分欣喜，他说看到了党、人民和国家对医护工作者的尊重与谢意。

同时，钟院士以长辈的口吻勉励广大学子们："现今中国青年不但有要求，也要有追求；不但有志气，也要争气；不但有热情，也要有激情！"此刻，他的笑容是那么慈祥，他的言语是这样有力，如寂寂黑夜里的亮亮启明星，给我们带来光明与希望！

"南山风骨，国士无双！"敬爱的钟院士，中国有您，真好！中华民族有您，万幸！

参考文献

[1] 义务教育教科书·语文·八年级上册 [M].北京：人民教育出版社，2017.

深圳市南山区荔香学校　陈　芳

传记单元整体教学设计

——以八年级（上册）第四单元为例

第一板块 单元文体整体解读

一、传记单元教学定位分析

人物传记在我国起源很早。春秋时期《左传》《战国策》等史学著作中，已有将人物放在历史事件中记述的雏形，如部编新教材九下的《曹刿论战》《唐雎不辱使命》《邹忌讽齐王纳谏》等篇目。到了西汉，司马迁以《史记》开创了以人物传记叙述历史事件的纪传体。"本纪"写帝王要事，"世家"记叙王侯封国及重要人物的事迹。《陈涉世家》中陈涉虽不是王侯，但因他率先发起反秦抗争、历史功绩卓著，特列为世家。"列传"则是为帝王之外的其他历史人物做传。

部编语文新教材八年级上对"传记"的解说为："传记是记述人物生平事迹的作品，一般由别人记叙；自述生平的，称为'自传'。"从叙述人称划分，传记可分为"他传"和"自传"。"他传"是他人记述的被立传人物的生平事迹；自述生平的，则是"自传"。

从表达方式上看，"传记"是记叙文的一种。韩雪屏教授在《中学语文常用文体教学》中谈道："记叙文是一种被广泛应用的文体形式。新闻、通讯、报告、回忆录、参观访问记、人物传记、记人记事的书信、日记等等都是常见的记叙文。"

　　从人物生平事迹获取的渠道来看，传记可分为三类：①人物自述生平经历的，称为"自传体传记"，如《五柳先生传》；②通过采访获取被立传者人物生平事迹的，称为"采访体传记"，《红星照耀中国》中的人物记述就是如此；③由被立传者家属或关系紧密的人通过回忆记录其生平事迹的，称为"回忆体传记"，如张中行的《叶圣陶先生二三事》、朱德的《回忆我的母亲》、艾芙·居里的《美丽的颜色》、鲁迅的《藤野先生》、茨威格的《列夫·托尔斯泰》等。

　　除此之外，传记类别还有"评传""小传"等。"评传"是在记录人物生平事迹的基础上，适当加入作者对人物的评论。"小传"是指记述较为简略、篇幅较短的人物传记。

　　部编新教材语文八年级上第二单元所选篇目主要是他人撰写的"人物传记"。人物传记的基本特征有：①真实，文中所涉及的时间、地点、人物、事件等都必须真实可信；②生动，在展示人物言行时，需要抓住人物个性化语言、关键行为进行细致描摹，在典型事件和人物的主要经历中，生动展示人物的思想感情、性格特征。

　　八上第二单元课文中，朱德的《回忆我的母亲》最易于学生进行模仿写作，故以此课作为本单元"人物传记"的范文展开教学。接着，用审辩式阅读教学鲁迅的《藤野先生》。这篇文章以"藤野先生"为题，但开头却从"我在东京留学生活"写起，可以让学生讨论文章开头是否有"起笔太远"的问题。茨威格的《列夫·托尔斯泰》则着重学习传记作品中抓住人物典型特征进行细节描写的写法。艾芙·居里的《美丽的颜色》着重学习传记作品在典型事件中展示人物典型性格的写作手法。

　　让我们随着本单元传记，穿越时空隧道，一起去追寻人类杰出人物的闪闪星光！

二、传记单元整体教学目标及分解目标

表1 传记单元整体教学目标及分解目标

单元目标	课文	分解目标
了解回忆性散文、传记；文学内容真实、事件典型、注重细节描写等特点； 学习刻画人物的方法，品味风格多样的语言，提高文学鉴赏能力； 尝试为自己、家人或身边的同学写一篇小传	《回忆我的母亲》/朱德	了解回忆性人物传记的概念； 学习以时间顺序组织典型材料写传记的方法； 运用朴素、简洁、平实的语言叙写人物事件
	《藤野先生》/鲁迅	选取典型事件表现人物性格的写法； 学习运用闲笔突显人物性格的手法
	《列夫·托尔斯泰》/茨威格	学习抓住人物外貌表现人物性格的写法； 学习对比衬托的写作手法
	《美丽的颜色》/艾芙·居里	学习运用人物语言，展现人物性格的手法； 学习运用细节描写展现人物品格
写作学写传记		收集传主的人物生平、典型事迹材料； 学写一篇真实、生动的人物传记或小传

三、传记单元"读写力提升"进程表

八上第二单元以"传记"为主要体式，随文依次展开以下教学。

表2 传记单元教学内容及侧重点

教学内容	教学侧重点
了解人物传记特点；学习传记的多种写作手法；学写一篇人物小传	《回忆我的母亲》了解人物传记的基本特点，以时间为序组织典型材料写人物。 《藤野先生》学习运用闲笔和典型事件表现人物品格的写法。 《列夫·托尔斯泰》学习抓住人物外貌特征展示人物精神风貌。 《美丽的颜色》学习运用人物语言和细节展示人物品格
写作学写传记	为自己熟悉的一个人写一篇人物传记或小传

四、传记"读写力提升"助力工具——气泡图

气泡图，是一种常见的思维图示，因其呈气泡状而得名。绘制气泡图需要在图纸正中先画一个圆圈，里面填写上核心关键词；再由正中圆圈里的核心关键词出发，向四周发散，画直线作为连接。每条直线上方，依次绘出一个圆圈，里面填写能反映这一核心关键词的不同特征（一般用形容词或动词描述特征）。

传记类文体，是记述人物生平事迹的作品，常常涉及人物外貌、身份、年龄、主要经历、典型事件等内容。气泡图这一思维图示能很好地突出人物各方面的特点，也是传记类文章读写图式可视化的好抓手。

气泡图对于传记类文章"阅读力提升"的主要作用有：①阅读传记时，以传主为气泡图的核心关键词；②由此发散，寻找能反映传主生平经历的多个主要信息点，如人物外貌、出身、经历、性格等，并用形容词加以提炼，形成外圈的多个气泡，依次呈现传主的多个特点。

气泡图对于传记类文章"写作力提升"的主要作用有写作传记时，在收集传主各方面信息的基础上，以传主为核心关键词，将能反映人物外貌特征、性格特点、精神风貌等特征的形容词依次写在外圈气泡中，以此理清写作人物传记的行文思路。

第二板块 单篇读写教学设计及学生习作

《回忆我的母亲》教学设计

一、文本解读

斯诺在《红星照耀中国》一书中这样高度评价朱德："这些朴素的话，是许多年不能想象的最最生动的人生经历的辉煌纪录——这是一个大胆无畏和大公无私的故事，一个无比勇敢和智慧的故事，一个难以相信的苦难的故事，一个为着忠于一个为民族的自由解放而斗争的伟大主义而丢弃个人享受、财富和地位的故事……这部历史的新的一页上涌现出一个人物——少数真正的时代伟人之一。"

朱德是个极具传奇性的无产阶级革命家、军事家。他亲自上前线指挥战斗，指挥红军打了几百次小仗、几十次大仗，却从未受过什么伤。他无比神勇地经历了敌方的五次大围剿，创造了中国红军游击战神话般的战斗力。他谦虚温和、爱护部下、喜欢运动、喜欢读书，还订出读书计划。他身体强壮，常常赤脚走路，和战士们吃住在一起，能一个冬天吃南瓜，一个冬天吃牦牛肉，却从不叫苦，也很少生病……

朱德近乎天神一般的体格以及吃苦耐劳、隐忍谦虚的品格，都得益于他的母亲——钟太夫人的遗传、熏陶和教导。1944年钟太夫人去世，朱德得知母亲仙逝的消息悲痛万分，于1944年4月3日在延安版《解放日报》上发表了此文，以此沉痛悼念并深切缅怀对母亲的追思之情。这篇文章引发了延安民众对钟太夫人逝世的广泛关注。1944年4月10日，军民各界举行了对钟太夫人的悼念集会。毛泽东同志在悼念会上为钟太夫人亲题挽联："为母当学民族英雄贤母，斯人无愧劳动阶级完人。"

朱德在《回忆我的母亲》开篇写道："我爱我的母亲，特别是她勤劳一生，很多事情是值得我永远回忆的。"接着写道：母亲虽出身佃户、家境贫寒，但身材高大结实；同时，母亲还聪明能干、任劳任怨；并且，母亲的性格和蔼、同情贫苦、勤劳俭朴等优秀的品质深深影响着自己。文章结尾深情写道："我应该感谢母亲，她教给我与困难做斗争的经验……母亲又给我一个强健的身体，一个勤劳的习惯，使我从来没感到过劳累。我应该感谢母亲，她教给我生产的知识和革命的意志，鼓励我以后走上革命的道路。"

这篇回忆性人物传记，朴素真挚、感人至深。字里行间无不传达着对母亲的无比敬爱和真挚怀念。结尾更诚挚表达出自己愿用尽忠于祖国人民、尽忠于中国共产党的实际行动报答母亲深恩的崇高志愿。

二、教学重难点

（1）了解传记的特点。
（2）学习以时间顺序来组织典型材料写人物传记的方法。
（3）学习用朴素、简洁、平实的语言叙写人物生平经历。

三、教学设计

（一）典故导入，母德泽后

《红星照耀中国》中，同学们最喜爱的人物有毛泽东、周恩来、朱德、贺龙等红军领袖人物，翻开中华风云人物历史，每一个伟大的人物身后大都有一个伟大的母亲。孟子的母亲怎么教子？（孟母三迁、断机教子）岳飞的母亲怎么教子？（岳母刺字、励子从戎）红军战神朱德也有这样一位伟大的母亲——钟太夫人。

（二）介绍背景，缅怀母亲

文章写于1944年4月，朱德以此文深切缅怀母亲仙逝，延安各界于4月10日集会悼念朱德的母亲钟太夫人。毛泽东同志写挽联悼念，全班齐读挽联内容。

（三）简介传记，把握要点

（1）速读全文，圈点勾画：按表3把握文章围绕"我的母亲"写作的主要内容。

表3　"我的母亲"写作的主要内容

我对母亲的情感	我悲痛，我爱母亲；我感谢母亲	
母亲	出身	佃农，老实的贫苦农民
	育儿	共生13个儿女，只留8个
	日常	好劳动，整日劳碌，聪明能干，做饭有滋味，亲手纺线
	性格	任劳任怨、和蔼、勤劳俭朴、宽厚仁慈、同情穷苦农民、反感为富不仁者
	最大的特点	一生不曾脱离过劳动

（2）气泡板书，归纳特点：以"母亲"为核心词，引导学生提炼朱德母亲的多个特点及美好品格。（板书如图1所示）

图1　母亲人物特点

（四）品析语言，质朴感人

（1）赏析文章开篇对母亲沉痛的悼念之情"母亲去世，我很悲痛。我爱我母亲",结尾两处"我应该感谢母亲",诚挚地表达了对母亲的感恩与深切缅怀之情。

（2）联读名著，感念亲恩：结合《红星照耀中国》"朱德"篇，朱德身上都有哪些可贵的品质和精神，谈谈母亲对朱德的影响。（小组交流合作完成）

作业：按以上表格收集自己的父母或者祖父母的人物生平事迹，用气泡图呈现人物性格等方面的特点，为本单元人物小传写作做好准备。

《藤野先生》教学设计

一、文本解读

鲁迅，原名周树人，他是现代文学史上的一座丰碑，也是新文化运动的发起人之一和重要参与者。1918年5月，他以"鲁迅"为笔名，在《新青年》杂志上发表了中国现代文学史上第一篇用白话创作的短篇小说——《狂人日记》，由此拉开白话文学创作的序幕。随后，小说《风波》、小说集《呐喊》《中国小说史略》《论雷峰塔的倒掉》等一系列文章和文集的发表、出版，奠定了鲁迅在中国现代文学史上的先驱地位。

《朝花夕拾》创作于1926年，原名为《旧事重提》，是中国现代回忆性散文的典范之作，带有自传性质。《藤野先生》记录了鲁迅先生在日本仙台学医时的解剖学老师——藤野严九郎。1902年，正是中国国力衰弱、国民备受欺凌的艰难时刻。鲁迅先生东渡日本，想要学习医学改变国民孱弱身体的现状。但求学期间，一系列不公的恶意攻击和遭受嘲讽的事件，极大动摇了他原本的学医志向。鲁迅先生深刻地认识到：学医并不能救治精神麻木而意志衰颓的国民，国民精神的愚昧麻木比身体的孱弱病态更为可怕！最终，鲁迅先生弃医从文，返回祖国，开始文学创作。

在鲁迅先生这段受尽冷眼、歧视的人生经历中，藤野先生却和大多数日本人不同。他毫无民族偏见、对弱国学生一视同仁、严谨治学的高尚品格深深影响和感动着鲁迅，也在鲁迅先生此后的人生中不断激励着他奋勇前行。鲁迅先生不仅珍藏着藤野先生订正的讲义，而且还订成三个厚本，本想作为永远的珍藏，但不幸在搬家时遗失。然而，藤野先生的相片一直悬挂在鲁迅先生北京寓所书桌对面的墙上。藤野先生严谨治学的风范、公平公正的品格，成为鲁迅先生不断前行的勇气和力量！

二、教学重难点

（1）学会在典型事件中突出人物品质的写法。

（2）学习抓住富有个性的外貌特征、言谈举止写出人物性格。

三、教学设计

（一）夕拾朝花，新课导入

《朝花夕拾》是七年级上必读名著，里面记录了很多鲁迅先生青少年时代的往事，带有自传性质。说说哪些人物让人印象深刻。（三味书屋里的寿镜吾先生、儿时保姆长妈妈、日本留学时的藤野先生等）

（二）质疑经典，找找硬伤

鲁迅是五四新文化运动的倡导者和发起人之一，也是白话文的代表人物之一。但如果按照回忆性传记的标准来看，这篇文章有个"硬伤"，通读全文，发现这篇经典之作的问题。

硬伤之一，起笔太远：题目为"藤野先生"，开头却从自己东京的留学生活写起，直到第6段才出现"藤野先生"。

硬伤之二，中有赘笔：中间24—27段，匿名信事件和藤野先生无直接关系，写得太多。

（三）舍去闲笔，改为传记

再读课文，删去与藤野先生无关的内容，删改为以藤野先生为题的人物传记。

（1）自读课文，删去闲笔：自读课文3分钟，删去和藤野先生无关的内容。

（2）小组讨论，提取信息：提取出与藤野先生相关的内容，填写下列表格

（见表4）。

表4 与藤野先生相关的内容

藤野先生	外形特征	肤色：黑 身材：瘦 面部：八字须戴眼镜						
		举动：夹着书 声音：抑扬顿挫						
	典型事件	自我介绍学生发笑	修改讲义	订正血管图	关心实习	询问裹脚	"匿名信"事件	惜别赠相片
	人物性格	穿衣模糊不重外表	认真负责	治学严谨	关心学生	求真务实	公平公正	真诚友善

（四）拟写标题，归纳品格

试着以藤野先生为主语，拟出每个事件的小标题，并说说这些事件反映出藤野先生怎样的人物品格。（用气泡图归纳，板书如图2所示）

图2 藤野先生人物特点

作业：找出与藤野先生无关的见闻和感受，在书上做感悟式批注，谈谈这些"无关"内容的作用。

（一）品析结尾，闲笔不闲

作者在结尾说："他的性格，在我眼里和心里是伟大的；他所改正的讲义，我曾订成三厚本，收藏着，作为永久的纪念；他的照相至今还挂在我北京寓居的东墙；每当夜间疲倦，正想投篮时，忽又良心发现，且增加勇气了……"藤野先生对鲁迅的影响为什么会如此之大呢？这节课重点学习文中

"闲笔"对塑造藤野先生人物形象的作用。

（二）补上闲笔，再谈作用

小组讨论文中有几处和藤野先生无关的"闲笔"，说说对表现藤野先生有何作用，并填写下表（见表5）。

表5　闲笔与表现藤野先生的作用

闲笔	东京留学生的样子及跳舞	从东京到仙台，受到的"优待"	留级学生讲演教授的历史	学生会干事恶意讥讽	观影事件
作用	与我去日本认真学习医学形成对比	与藤野先生用心栽培我，并给予特别关照——修改讲义，形成对比	侧面表现藤野先生不重视修饰外表	与藤野先生一视同仁，修改讲义、订正图示的公正博爱相对比	欢呼声与藤野先生的挽留惜别做对比，藤野先生不歧视，友善

（1）"闲笔"不闲，对比映衬：开头写东京留学生的不学无术，是与"我"为医国民、真心求学做对比。

（2）"闲笔"不闲，出场铺垫：写自己在东京、仙台受到的"优待"，与后文藤野先生出场及给"我"修改讲义做背景铺垫。

（3）"闲笔"不闲，命运节点：观影事件，成为"我"弃医从文的命运转折点，也与藤野先生送别"我"离开的"惋惜"和"惜别赠相"做铺垫。

（4）"闲笔"不闲，突显品格：写一般日本人对中国人的不友好、污蔑讽刺的态度，更突显藤野先生在那时那地的可贵，对弱国留学生一视同仁、真诚友善、倾力教学的闪光品质。

（三）反复修改，铸就经典

从"闲笔"的娴熟运用，可以看出本文是回忆性散文的经典之作，不仅如此，文章的语言也非常精当，阅读课后习题四的"原稿"和"修改稿"，做出赏析式批注，谈谈修改后的语句好在哪里。

"花下、成群结队"，写出清国留学生在国难当头之际，仍不学无术、成群赏花的可厌可恶。

"有一间"写出特定的一间屋子，更准确，"精通"比"熟识"在这里更具有讥讽效果，意思是他们不精通学习，只精通一些无关紧要的琐事。

"而且增加勇气了，于是再点上一支烟"，既写出藤野先生对我精神的激励，也写出了我困顿或想偷懒时，哪怕需要抽烟提神，也要继续写作，以笔为刀枪的斗争精神。

作业：在写自己的父母或祖父母的传记资料表格中，添加一些起衬托、对比的人物事件，突显人物美好品格。

《列夫·托尔斯泰》教学设计

一、文本解读

列夫·托尔斯泰，19世纪俄国著名的批判现实主义作家、思想家、哲学家。他出身名门望族，但受法国启蒙思想影响，以及自己长期精神探索，他的世界观发生了巨大的转变，并毅然与自己所处的贵族阶级决裂。在与妻子发生多次激烈争吵后，列夫·托尔斯泰于1910年10月离家出走，途中罹患肺炎，病逝于小车站，享年82岁。他的遗体被安葬于一个小森林中，没有任何标志物。奥地利著名小说家、传记作家茨威格在《最美的坟墓》一文中这样高度评价列夫·托尔斯泰的坟墓："他的墓成了世间最美的、给人印象最深刻的、最感人的坟墓。它只是树林中的一个小小长方形土丘，上面开满鲜花，没有十字架，没有墓碑，没有墓志铭，连托尔斯泰这个名字也没有。"

斯蒂芬·茨威格是奥地利著名小说家和传记作家，他以小说和人物传记创作著称。代表作有小说《一个陌生女人的来信》，传记《三作家》《罗曼·罗兰》等。这篇《列夫·托尔斯泰》节选自茨威格著名传记作品《三作家》。文章开篇用一个夸张、比喻写就的"特写镜头"，写出一个让人惊奇的"多毛"托尔斯泰。接着，继续从须发、面部轮廓、面容表情、穿戴和身材等方面强化描写，细致地描摹托尔斯泰多毛而丑陋的体貌特征。在极言其丑陋外表后，茨威格又着力聚焦托尔斯泰极富变化而有犀利目光的双眼，形成高落差的反衬和对比。由此，茨威格运用极具戏剧性的突转式抑扬笔法，塑造出一个外表平庸丑陋、灵魂却高贵闪光的托尔斯泰形象。

二、教学重难点

（1）学习抓住人物外貌表现人物性格的写法。

（2）学习对比衬托的写作手法。

三、教学设计

（一）写人有法，白描导入

鲁迅写人物外貌时喜欢运用白描的手法，比如他写藤野先生的那段文字。学生齐读"其时进来的是一个黑瘦的先生，八字须，戴着眼镜，挟着一叠大大小小的书。一将书放在讲台上，便用了缓慢而很有顿挫的声调，向学生介绍自己道：'我就是叫作藤野严九郎的……'"

（二）白描精简，列表呈现

表6　藤野先生与白描手法

藤野先生	肤色	身材	胡子	饰物	声音
外貌特点	黑	瘦	八字形	眼镜、书	缓慢而顿挫
白描手法	语言精简、只抓突出特点，不求面面俱到，直接描写人物特征，多用形容词、动词表现特征，基本不用修辞手法				

（三）人物特写，工笔细绘

人物外貌如何写细？需要向奥地利著名小说家、诗人、传记作家茨威格学习，齐读第1段后，填写下表（见表7）。

表7　列夫·托尔斯泰的外貌描写

列夫·托尔斯泰	脸部	胡须	肤色肤质	眉毛	头发
外貌特点	多毛	浓密	黝黑皱	纠缠倒竖	灰白泡沫状
细节描写	语言精细，大量使用比喻、夸张、对比等修辞手法，强化人物特征，还可以运用抑扬法、对比法、铺垫渲染等写作手法				

（四）细读全文，圈点批注

细读文章，5分钟批注文章人物细节描写及其展现的人物特征。

（1）为何用"低矮的陋屋"比喻外貌？

以"陋屋"比喻外貌，生动写出托尔斯泰外表的丑陋，也为后边写他的眼睛蓄势，做铺垫。

（2）为何写陀思妥耶夫斯基？

为了形成鲜明的对比，陀思妥耶夫斯基是气宇非凡的，而列夫·托尔斯泰的脸上却找不到奋发向上的灵气和任何精神光彩。

（3）作者为何再三强调"天才灵魂"？

用对比和反复的手法，极力强调托尔斯泰外表丑陋，而灵魂高尚，也为后文他犀利的目光蓄势做铺垫。

高尔基说："托尔斯泰的这对眼睛里有一百只眼珠。"为什么说出了大家的心里话？

因为这双眼睛太具有洞察力了，它能穿透心灵、柔和、发光，时而又黯然、凄凉、麻木，时而又冷酷锐利、趣味盎然，这双眼睛里蕴藏着各种各样的感情。也因为这双眼睛，托尔斯泰的脸上显露出才气。

（4）"看透事物本质"却失去幸福有何深意？（暗示列夫·托尔斯泰不幸的婚姻和结局）

屏幕补充背景资料：托尔斯泰生前的最后几年，意识到农民的觉醒，因为自己和他们的思想情绪有距离而不免悲观失望；对自己的地主庄园生活方式不符合信念又深感不安。他的信徒托尔斯泰主义者和他的夫人之间的纠纷更使他深以为苦。托尔斯泰与妻子的决裂程度人人皆知。一天晚上，夫妻二人又闹不和。之后，托尔斯泰离家出走，在途中患肺炎，在阿斯塔波沃车站逝世。遵照他的遗言，遗体安葬在亚斯纳亚·波利亚纳的森林中。坟上没有树立墓碑和十字架。

（五）小结全课，气泡展示

图3　列夫·托尔斯泰人物特点

作业：抓住自己熟悉的一位同学特征，仿写第1段或第2段的人物外貌，让大家猜一猜。

《美丽的颜色》教学设计

一、文本解读

居里夫人，一位伟大的波兰裔女物理学家、化学家。她有着迷人的外表，却把一头秀发剪短、用刻苦学习的背影拒绝无数追求者；她是巴黎大学第一位女教授，也是两次获得诺贝尔奖的第一人，却不慕荣利、谦虚低调；她和丈夫皮埃尔·居里数十年如一日地投身于狭小的木屋内，在极端艰苦的条件下提炼着放射性物质"镭"，却以奋斗和研究为最高的享受，乐此不疲……

艾芙·居里是居里夫人的第二个女儿，年少时潜心攻读音乐。1937年，母亲居里夫人去世三周年之际，她发表了《居里夫人传》一书，引发法国国内外强烈反响，也一跃成为蜚声世界的人物传记作家。

这篇《美丽的颜色》节选自《居里夫人传》。文章从居里夫人在学生时期和现在都选择最简陋的生活环境起笔，重笔泼墨极写居里夫人工作的棚屋环境之简陋艰难——夏天燥热、冬日严寒、排气不畅……但就是在这样极端"反自然"的工作条件下，居里夫人却在日记中写道："感谢这种意外的发现，在这个时期里，我们完全被那展开在我们面前的新领域吸引住了。虽然我们的工作条件带给我们许多困难，但是我们仍然觉得很快乐。"传记通过描写工作环境的艰苦残破，居里夫妇饶有兴致的对话，以及多处引用居里夫人日记中的记录，生动而又感人地展现出居里夫人的高贵品质——坚韧执着的超拔意志、以苦为乐的乐观品格，刻苦钻研的探求精神、痴迷科研、舍身忘我的献身精神……掩卷后，让人仍觉居里夫人的万丈光芒照耀眼前。

二、教学重难点

（1）学习运用人物语言，展现人物性格的手法。

（2）学习运用细节描写展现人物品格。

三、教学设计

（一）母有高格，为母立传

苏联著名作家高尔基曾说："世界上的一切光荣和骄傲，都来自母亲。"法国著名传记作家罗曼·罗兰也曾说："母爱是一种巨大的火焰。"有这样一位母亲，她是两次获得诺贝尔奖的第一人，一生获奖无数却不被盛名所累，她就是居里夫人。写好一个人物，既要写好外貌特征，更要从典型事件中反映人物典型性格。我们一起走进《美丽的颜色》，看看她的女儿艾芙·居里如何为她立传。

（二）简介居里，了解生平

介绍居里夫人，了解她的生平经历。

（三）速读课文，感受人物

（1）概括事件，填写表格：这篇文章着重写了"玛丽·居里发现镭的过程"，试着填写下列表格，学习如何在典型事件中展现人物风貌。

表8　居里夫人人物性格

	工作环境	工作过程	工作发现
工作状态	简陋棚屋、不舒服、夏天热、漏雨、冬天冷	四年，负责炼制提取	不点灯、看到荧光奇观
人物性格	坚忍、吃苦耐劳、专注	积极乐观、专心致志、好奇热爱	天真可爱、热切期待、深情凝望

（2）引用日记，补写细节：在写"发现镭"的过程时，作者还多次引用居里夫人自己的日记，补充了历史细节，试着在文章留白处再补充几处。

（四）小结课文，归纳要点

图4　居里夫人人物特点

作业：在写"同学"的随笔上，补写几处能反映人物个性的语言，增强人物形象表现力。

"学写传记"写作教学设计

一、教学重难点

（1）收集传主的人物生平、典型事迹材料。

（2）学写一篇真实、生动的人物传记或小传。

二、课时安排

2课时，第1课时写前导，第2课时当堂写作。

三、教学设计

（一）简介传记，把握要点

介绍传记特点，把握写作要点。

（二）老舍小传，范例列举

用表格列举出写"人物小传"的要点（见表9）。

表9　老舍人物特点

姓名	年龄	面色	出身	父母状况	人生经历	职业	婚姻	子女	爱好	性格
老舍	40	黄	北平	三岁无父 孝爱母亲	幼读三千 继学师范 发奋著书	教书	34岁 结婚	一子 一女	养花 读书 写书	做事 认真
白描 手法	语言精简、只抓突出特点，不求面面俱到，直接描写人物特征，多用形容词、动词 表现特征，基本不用修辞手法									

（三）整理素材，拟定提纲

根据以上内容，结合之前收集的人物传记素材，绘制一张能反映自己所写人物的多个特征的气泡图，为写作人物传记拟定写作思路，如图5所示。

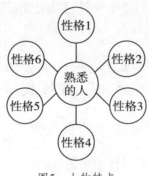

图5　人物特点

（四）小组交流，全班分享

小组先交流，再进行全班分享。

四、学生习作

钱晋小传

八（8）班　郑泽泰

初到荔香时，新同学里，我印象最深的是钱晋。如果用一个词形容他，那就是——可爱。

钱晋是个体重约150斤的小胖儿。他的眼睛不大不小，鼻子和嘴巴都很小，脸却像个白盘子，又大又圆。耳朵很多肉，脸捏起来又软又暖，戴着一副黑边蓝框的眼镜。走起路来，身上的肉一抖一抖的，再颤悠悠地摆几下，活脱脱一个小憨憨。

钱晋的声音奶声奶气的。乍一听声音，会以为他是个小孩子。他时不时地会哼几首小曲，而且唱得很好听，真有歌手的潜质。我曾问过他为什么这么胖，他说是因为天天晚上吃夜宵。这件事提醒我们——不要天天吃夜宵，会长胖！

一次英语课，老师念他的名字，全班立刻哄堂大笑，因为许多人都听成了"田径"。自此，大家都叫钱晋为"田径哥"。

他哭起来的样子，特别可爱。每次哭，他都会习惯性地趴在桌子上。哭之前，他都会把小嘴嘬起来，然后走到座位上坐下再趴在桌上哭。他哭的时候，总让人想安慰安慰他。

他和我有一个共同的爱好——打篮球。他打球的样子很搞笑，每次投球都投不进。投不进后，他还会傻傻地笑两下，然后再走到篮网下抢篮板。他打球有个很大的优点——就是身高体胖，善用身体的分量压制别人，从而占据好的投篮位置。进攻时，他总背对着对方，像一堵坦克墙。所以，每次他进攻时，我都不能拿他怎样。

我的同学钱晋，是一个可爱而有趣的小胖儿，也是一个事事都很努力的小胖儿。希望他能跟自己的名字一样，勇往直"前"，不断"进"级！

参考文献

［1］义务教育教科书·语文·八年级上册［M］.北京：人民教育出版社，2017.

［2］韩雪屏.中学语文常用文体教学［M］.石家庄：河南人民出版社，1981.

［3］埃德加·斯诺.红星照耀中国［M］.北京：中国青年出版社，2013.

［4］张厚仁译.外国优秀散文选［M］.北京：中国文联出版社，1984.

深圳市南山区荔香学校　陈　芳

说明文单元整体教学设计

——以八年级（下册）第二单元为例

单元文体整体解读

一、说明文单元教学定位分析

文章从表达方式的角度划分，主要有记叙文、议论文和说明文。说明文，是以说明为主要表达方式的一类文体。部编新教材八年级下册第二单元以"说明文"为主要文体。

说明文，这类文体产生得很早，中国古代文体中的"记"就有"说明"的成分。褚斌杰在《中国古代文体概论》中对"记"的解说为："古人讲以'记'名篇的文章称为'杂记体'。杂记的内容是很复杂的。广义地说，它包括了一切记事、记物之文……从现存的'记'文来看，有的记人，有的记事，有的记物，有的记山水风景；有的尚叙述，有的尚议论，有的尚抒情，有的尚描写，是非常复杂多样的。"八年级下《核舟记》，就是一篇用文言写成的说明文，主要介绍了一件用桃核雕刻而成的精美工艺品。

到了现代，夏丏尊、叶圣陶先生在《文话七十二讲》中这样解释"说明文"："说明文所表示的是作者的理解；换个说法，就是作者所懂得的一些道理、原因、方法、关系等。"

说明文，简单说来就是说明事物性质、状态、构造等特征或者解说事理的一类文体。根据具体说明的内容，可分为事物说明文和事理说明文。说明事物或事理时，可以时间为序，也能以空间或者逻辑为序。说明文语言在准确科学的基础上，可平实，也可生动。所以，从语言表达角度，说明文分为平实说明文（也叫一般说明文）和生动说明文（也叫科学小品文）。

八年级下第二单元主要收录的是事理说明文，涉及的领域广泛。《大自然的语言》题目先用打比方的说明方法，引发读者的阅读兴趣，再用农谚和多个实例说明物候现象及其来临决定因素，由此说明物候学及其对农业生产的影响。《阿西莫夫短文两篇》都谈到"恐龙"，但却用"恐龙"阐明了不同的事理。《恐龙无处不有》从"恐龙化石"遍布世界各地这一生物学现象，巧妙推理出"大陆漂移学说"的正确性。《被压扁的沙子》则从"恐龙灭绝"原因起笔，从地质学的角度论证恐龙灭绝的真正原因为"撞击说"。《大雁归来》以细致的观察、抒情的笔法记录了雁群迁徙的习性。《时间的脚印》用大量的比喻、拟人、排比向我们生动地解析了岩石记录时间的神奇印记。四篇说明文的语言前两篇较平实，后两篇较生动。

二、说明文单元整体教学目标及分解目标

表1　说明文单元整体教学目标及分解目标

单元目标	课文	分解目标
理清文章的说明顺序，筛选主要信息，读懂文章阐述的事理；学习分析推理的基本方法，善于发现问题、思考问题、质疑问难，激发科学探究的兴趣	《大自然的语言》/竺可桢	学习物候学的有关知识，理清文章的说明顺序；体会课文准确严谨、生动优美的语言，培养和提高概括课文内容要点的能力
	《阿西莫夫短文两篇》/阿西莫夫	了解恐龙灭绝的原因及作者阐述的不同事理；理清并学习文章严谨的逻辑顺序；培养爱科学、主动探究科学的精神
	《大雁归来》/利奥波德	把握作者对大雁生活习性的细致观察和说明；品味其抒情笔法和浪漫情怀
	《时间的脚印》/陶世龙	了解岩石记录时间的奇特功能；学习文章用单句提示重点、明晰结构的写法
写作说明的顺序	能依据说明对象及事理、选择合适的说明顺序，写一篇说明文	

三、说明文单元"读写力提升"进程表

八下第二单元以"说明文"为主要体式，随文依次展开以下教学（见表2）。

表2 说明文单元教学内容及侧重点

教学内容	教学侧重点
理清说明顺序； 筛选主要信息； 读懂阐明事理； 学习推理方法； 善于发现、思考问题； 激发科学探究兴趣	《大自然的语言》学习筛选要点，理清说明物候现象的说明顺序 《阿西莫夫短文两篇》以"恐龙灭绝"为主问题，对比分析作者阐述的不同事理，学习严密推理的逻辑顺序 《大雁归来》学习作者认真观察记录、总结发现的科学研究方法 《时间的脚印》学习作者运用单句独立成段让文章说明更清晰有序的语言表达方法
写作一篇说明文	观察记录一盆平菇的养殖过程

四、说明文"读写力提升"助力工具——概念图

概念图，由美国康奈尔大学诺瓦克博士发明。它是一种网络状的图形，能呈现知识与知识之间的关系。概念图能帮助我们在学习时建立一个概念网络，并不断地向这个网络里增添新的内容。概念图在绘制时需要先确定一个焦点问题并分清多个概念的层级，然后按照一级概念、二级概念等依次由上而下绘制。不同层级概念之间需要用连接词展示它们之间的关系。

概念图独有的将概念分级列举又用连接词连接不同层级概念的特点，非常适合"说明文"读写图式的可视化呈现。

概念图对于说明文"阅读力提升"的作用有：①概念图中的不同层级概念，其实就是一篇说明文中的主要信息；②能迅速提取一篇说明文中的主要概念，并把这些概念按照涵盖面的大小分出层级，就是筛选说明主要信息的过程；③在由焦点问题出发、从上而下按照一级概念、二级概念绘制的过程中，既能帮助我们发现和思考说明的问题，也能帮助我们理清说明文的顺序；④在用合适的连接词将不同层级的概念建立连接时，能帮助我们理解一篇说明文推理的具体过程。

　　概念图对于说明文"写作力提升"的作用在于写作的过程正好和阅读提取信息的过程相反。例如我们要观察一盆平菇，可以参照《大雁归来》或者《昆虫记》中的写作内容，列出平菇的科属、外形、生长过程、养殖方法等主要概念，用概念图理清概念、调整好层级顺序后，列出写作提纲，然后再动笔写作，就可以做到条理清晰地说明一盆平菇的养殖过程了。

第二板块 　单篇读写教学设计及学生习作

《大自然的语言》教学设计

一、文本解读

　　竺可桢，中国气象学、物候学、地质学的开创者。他少有壮志、一身肝胆报祖国。抗战期间，他四处奔走，在全国各地建立了40多个气象站、100多个雨量监测站，为中国建立了自己的气象监测网。他求真务实、追求真理，在他任浙大校长时，形成了以"求真"为风向标的"竺可桢精神"。他躬身入局、率先示范，在浙大录取通知和毕业证书上，都题有竺可桢任浙大校长时对学生提出的两个问题："诸位在校，有两个问题应该自己问问，第一，到浙大来做什么？第二，将来毕业后做什么样的人？"他勤学奋进，一丝不苟，坚持每天记录气象日记，直至生命结束的前一天……

　　这种对所从事职业的热爱反映到他的文章中，都化作细腻的大地春回、鸟儿归来、秋风叶落、北雁南飞的真实记录，由物象到物候的巧妙联结。有序的长期观察记录，也成就了竺可桢开创的历史物候学。

　　学习《大自然的语言》，不仅要学习迅速抓取物候及物候学的知识要点，更要学习竺可桢对所从事业的热爱和他聚力而发的创新精神与孜孜不倦的探求精神。

二、教学重难点

（1）学习物候学的有关知识，理清文章的说明顺序。

（2）体会课文准确严谨、生动优美的语言，提高概括课文内容要点的能力。

（3）学习科学家一丝不苟、认真观察、长期记录、积累创新的品格。

三、教学设计

（一）激疑导入，开头破题

"语言"是指什么？"大自然有语言吗？"

（二）习得生词，简介作者

介绍作者竺可桢；初读文本，学习生词。

（三）速读全文，拎取要点

（1）"大自然的语言"是指什么？

（2）1—3段如何引出文章主要说明内容的？

（3）7—10段说明的主要内容，采用了怎样的说明顺序？

（四）绘制文章结构提纲

尝试用概念图绘制文章的结构提纲。

作业：①用概念图绘制本文结构提纲；②查找关于竺可桢生平事迹的资料。

（一）跳读课文，分析说明方法

找出文中说明事理采用的主要说明方法，并简析其作用。

（二）细读课文，解析文章语言

从语言生动或平实的角度，体会文章第2、5、10段的不同。

（三）通读全文，提取说明顺序

从全文看，文章采用了怎样的说明顺序？

（四）了解作者，学习精神

交流竺可桢生平事迹，学习竺可桢"求真务实""持之以恒"的科研精神。

作业：①找出本文运用的3种说明方法并说明其作用；②从竺可桢的生平事迹中，你学到了什么，谈3点以上感受。

四、板书设计

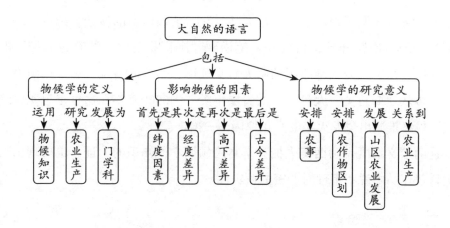

《阿西莫夫短文两篇》教学设计

一、文本解读

普通人著书立言，一本书已是难能可贵。阿西莫夫是超常人，他一生著作近500本，而且大多都是畅销书。他自小就聪颖异常，智商测试达160分以上，后来成为高智商人群——门萨学会副会长。19岁在《惊奇故事》杂志上发表自己的第一篇科幻故事《逐出灶神星》。此后一发不可收拾，他的作品《基地系列》《机器人系列》《银河帝国三部曲》被人们誉为"科幻圣经"。他在《机器人系列》中提出的"机器人学三定律"，被称为"现代机器人学的基石"。他著作等身，名扬天下，作品富有前瞻性和预见性，他是美国科幻小说黄金时代的典范人物，曾经获得科幻界最高荣誉——"雨果奖"和"星云奖"。他是科幻界当之无愧的"终身成就大师"！无数科学家们都能从他的科幻作品中寻找到科研灵感。

20世纪60年代至70年代中期，为向公众普及科学知识，他大量创作了非科幻类的科普作品，经常在各种集会发表演说、讲授科普知识。此时，他又化身为举世皆知的科普作家和公众演讲家。《阿西莫夫短文两篇》就是他这一时期的代表作。

《恐龙无处不在》以"不同科学领域之间是紧密相连的"起笔，通过恐龙化石在多个大陆上存在的事实，用问题、比喻、例证和猜想层层推演，从生物学角度，巧妙证明了地质学的"泛大陆说"。《被压扁的沙子》则由"恐龙灭绝新观点的争论"开始，再荡开一笔说到"沉积物薄层中稀有金属铱"的存在。而后，举出恐龙灭绝原因的两大对立理论——"撞击说"和"火山说"。之后，再从"斯石英"大量存在的岩层年龄——6500万年，这也是恐龙灭绝的年代，最终推演出恐龙灭绝的真正原因——撞击。

这两篇文章既是阿西莫夫拥有丰富跨领域学科知识的力证，也展现出阿西莫夫科普作品中说明事理时严密的逻辑性。

二、教学重难点

（1）了解恐龙灭绝的原因及作者阐述的不同事理。

（2）理清并学习文章严谨的逻辑顺序。

（3）培养爱科学、主动探究科学的精神。

三、教学设计

（一）悬念导入，简介作者

出示"机器人学三定律"："①机器人不得伤害人，也不得见人受到伤害而袖手旁观；②机器人应服从人的一切命令，但不得违反第一定律；③机器人应保护自身的安全，但不得违反第一、第二定律。"大家知道这是谁的哪一部作品中的内容？

（阿西莫夫《机器人系列》）

（二）速读文章，了解内容

速读两篇文章，围绕关键词"恐龙"，作者分别说明了哪些内容。

（三）绘制文章概念图

当堂分组绘制两篇文章概念图。依据所绘概念图，阐述文章在说明事理时的推理过程。

作业：任选两篇文章的一篇，绘制一张概念图，并简要概括文章说明事理的过程。

四、板书设计

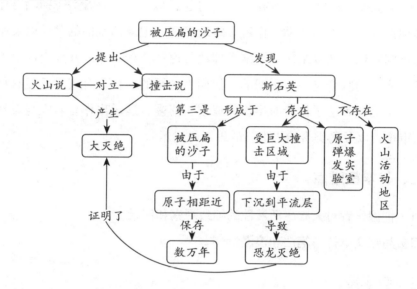

《大雁归来》教学设计

一、文本解读

如果说法布尔的《昆虫记》是一部"昆虫的史诗"，书中让各种昆虫有了人一样的喜怒哀乐、生产劳作。劳伦兹的《所罗门王的指环》《雁语者》等作品则开启了另一扇幽默风趣的科普妙门。他笔下的日常动物鸭、鹅、狗、鸟等，常常拥有惹人发笑的举止习性。利奥波德的《沙乡年鉴》则被世人推为"绿色圣经"，这本书以艺术的笔法，分12个月，记录了他在沙乡农场的四季风景、生活趣味、生物状况。这三部生物学著作，堪称"生物学三宝书"。

利奥波德，土地伦理学的首创人，也是富有国际声誉的生态学家和环保主义倡导者。与法布尔在荒石园观察记录昆虫的经历相似，利奥波德于1935年在威斯康星河畔的沙郡购买了一个废弃农场。此后，在这个农场里，他和家人一起种植了上千棵树，努力让这块贫瘠的土地重新焕发生机。沙郡的木屋生活，给他带来了很多创作灵感。他在这里生活、劳作、思考、记录，写了很多随笔，最后汇成这部自然随笔和哲学论文集——《沙乡年鉴》。

《大雁归来》从燕子、鸟群、乌鸦写起，以艺术化的笔法展示了3月雁群在沼泽地、玉米地里的活动，作者细致地发现、记录孤雁们的共性以及雁群集会时的不同表现。文章结尾处极富哲理地写道："1943年的开罗会议上人们发现，各国之间的联合是不可预期的。然而，大雁的这种联合观念已经有很长时间了。"生动地表达了作者对生物的尊重与喜爱，展示出作者对人与自然关系的重新审视，以及鸟类带给人类新的思考与启示。

二、教学重难点

（1）把握作者对大雁生活习性的细致观察和记录。

（2）品味文章抒情笔法和浪漫情怀。

三、教学设计

（一）图片展示，导入新课

回顾劳伦兹的《动物笑谈》片段，说说动物带给人类的启示。

（二）简介作者及创作背景

结合法布尔的荒石园，介绍利奥波德的沙郡木屋。说说生物学家、昆虫学家所具备的共同特征。

（全心投入、极致热爱、持之以恒、幽默风趣、长期记录……）

（三）速读全文，概括要点

通读课文，概括文章要点。

（四）理清概念，当堂绘制

用概念图理清文章说明顺序。

作业：依据绘制的概念图，简要说明作者对雁群的观察以及雁群带给人类的启示。

四、板书设计

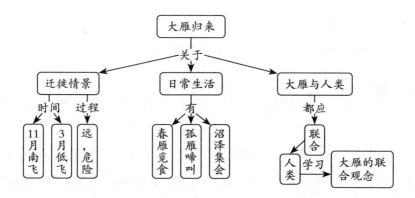

《时间的脚印》教学设计

一、文本解读

这一课标了"*"号，但绝不应只作为自读课甚至是习题课就晃过去。

为什么？

原因很简单：请不要忽视文章前面高士其《时间伯伯》的三句短诗。

科普作家陶世龙将这三句短诗放在自己文章之前，足以说明这三句诗的分量，以及写这三句诗的人的重要地位。

高士其，中国科普作品的先驱者和奠基人。在战火纷飞的年代，他抱病坚持科普创作。他目睹20世纪30年代中华大地上疫病泛滥、人民饱受疫病之苦的悲惨社会现状，用通俗浅显、生动有趣的笔法写作了一系列关于细菌的科普小品文，受到人民群众的广泛欢迎和报纸杂志的纷纷约稿。虽然他的病情持续加重，但即使他全身瘫痪时，仍笔耕不辍，创作出几百万字的科普作品、科学童话和科普小品文。他是科技工作者的行为世范，更是中华民族的精神脊梁！

陶世龙，毕业于北京大学地质系，科普作家。他的这篇《时间的脚印》运用拟人、比喻、排比等修辞手法，生动地为我们讲授了岩石如何奇妙地记录时

间的事理。同时，将单句独立成段，用来标明事理说明层次，也是本文在阐明
事理上的一大特色。

二、教学重难点

（1）了解岩石记录时间的奇特功能。

（2）学习文章用单句提示重点、明晰结构的写法。

三、教学设计

（1）从短诗说起，介绍科普作家高士其，学习其崇高精神。

（2）速读本文，明确"时间的脚印"是什么，又是如何记录时间的。

（3）抓住课文"单句成段"的语言表达特点，绘制本文概念图，当堂交流。

四、板书设计

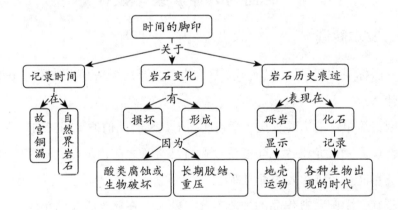

"说明的顺序"写作教学设计

一、教学重难点

（1）学习抓住特征有序地说明一个事物的外形、特征或者布局。

（2）学习运用逻辑顺序清晰地说明一个事理。

二、课时安排

2课时，第1课时写前导，第2课时当堂写作。

三、教学设计

第**1**课时

（1）回顾已经学过的说明文及其说明顺序：《故宫博物院》主要采用了空间顺序；《中国石拱桥》整体上为逻辑顺序，说明桥梁实例的时候则采用了时间顺序。

（2）出示荔香学校的简要示意图，让学生按照空间顺序进行说明，如图1所示。

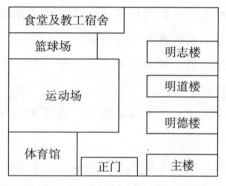

图1　荔香学校的简要示意图

（3）出示生物学科下发的小平菇一盆，如图2所示，小组讨论交流采用什么顺序有序说明。

图2　一盆小平菇

第 **2** 课时

学生集体讨论出一个写作提纲，第2节课当堂写作《一盆小平菇》。

四、学生习作

小平菇

八（8）班　伍晓诺

上周五，可爱的生物老师给我们每个人发了一盆平菇。

十多天前，它还是细细小小的，浑身满是乳白色的、诡异的鹿角状和珊瑚状触角。眼前的这盆小平菇长大了不少，至少能看出蘑菇经典的伞状结构了。

轻轻把盖在盆盖圆孔上的纸巾揭下，呀，昨天我忘了浇水，它的养殖土有点干巴巴的，被正在努力生长的平菇顶出一个奇怪的形状。

再细细一瞧，我的小平菇已经从盆盖的圆孔中，探出了它黑中带白的小脑袋——菌盖。这些平菇聚成一簇，拥着挤着从有光的圆孔中瞧着外面的世界。虽说它们的菌盖是灰黑色的，但它们的身体依然是刚出生时的乳白色，而且已经可以看到细细的菌褶了。

我很高兴，好奇心促使我打开盖子看看。盖子微微拱起细小的弧度。它的下面会藏着什么呢？

盖子下是宛若老树虬枝般无法成长的幼菇。它们被盖子压制住了，但有一两朵顽强的蘑菇顶端还是冒出了一点点灰色。不过没有关系，就让这些蘑菇自己长吧，它们会长大的，我们大可不必担心。

这些幼小的平菇，根部往上逐渐有些泛黄，有些蘑菇根部还长着细密的白色绒毛。碰一碰，我的指尖不禁感到微凉。蘑菇的根部软软的，富有弹性。

养平菇可真是件有趣的事呀！

小平菇

八（8）班　黄惠翎

眼前这个蓝色盒子是生物老师发给我们的。用它干什么呢？

答案是——养蘑菇。

起初，我们按照老师的指导，在盒子上方给它铺上一层纸，每天不定期给它浇水。我常常在中午吃饭时也不忘先侍弄它。终于，经过几天的坚持，盒子里冒出了一根根白色的尖尖儿。

它们一簇簇挺立在盆中，一朵朵布满在盆的各个小角落。只是看上去太瘦小软弱，好像站不稳，总让人觉得，一碰它就会倒下。

于是，为了让它快快长大，我们越来越关心这盆不起眼的平菇。每天为它浇水：刚来到学校、准备去吃饭，又或是放学前，都一定不会忘了给它浇水。直到看见它白色的尖尖儿慢慢升高，头顶出现了一丁点儿棕色的印记。我们终于感受到了"用心良苦"之后的回报。

今天，我一来到学校，便听见与我一起养平菇的同学说："我们的菇长出来了！"我迫不及待地往书柜看去。果然，立在那儿的盆栽冒出了一簇簇平菇。它们紧而密地挨在一起，有大有小，有高有矮。每朵白白净净的菇上都顶着一头灰棕色的帽子，白色的壁上布满了清晰的纹路，还有新冒出的头，在旁边树立着。有的弯腰驼背，显得精疲力尽的样子；还有的直直挺立，一副精神抖擞的样子。它们打开银铃般的小伞，袅娜地开放着。那一棵棵打着朵的平菇，身上还沾满了水珠，在阳光的照耀下发射着晶莹的光芒。它们就这样一簇簇，一垄垄地布满整个花盆，疯狂地向上生长。

我满意地把它放回了书柜上，心中有了盼头：小蘑菇呀，继续努力地向高处和远处生长，快快长大吧。

参考文献

[1] 褚斌杰.中国古代文体概论 [M].北京：北京大学出版社，1990.

[2] 夏丏尊，叶圣陶.文化七十二讲 [M].北京：中华书局，1990.

[3] 孟宪明.竺可桢传 [M].郑州：河南文艺出版社，2018.

[4] 阿西莫夫.银河帝国：机器人五部曲 [M].南京：江苏文艺出版社，2015.

[5] 义务教育教科书·语文·八年级下册 [M].北京：人民教育出版社，2017.

深圳市南山区荔香学校　陈 芳

演讲单元整体教学设计

——以八年级（下册）第四单元为例

第一板块 单元文体整体解读

一、演讲单元教学定位分析

部编语文新教材八年级下册第四单元主要文体为演讲词。以三项任务活动组编整个单元内容："任务一，学习演讲词；任务二，撰写演讲稿；任务三，举办演讲比赛。"

演讲词，也叫演说词，常在大型群众集会或较为隆重的场合使用。讲话者大多对所较为重大的问题或某个专门问题进行论述。演讲词具有宣传、鼓动和教育作用，它能将讲演者的观点、主张和思想情感传递给民众，让读者或听众信服并产生共鸣。

本单元所选演讲词，从近现代到当代，从中国到国外，演讲词涉及的领域也相当广泛。从闻一多先生在李公仆追悼会上"痛斥特务"的演讲；到丁肇中先生在北京人民大会堂关于"实验精神"的演讲；再到被誉为"当代毕昇"的王选在北京大学关于"人生抉择"的演讲；最后是顾拜旦1919年在瑞士洛桑国际奥委集会上关于"奥林匹克精神"的演讲……这些演讲词稿风格迥异，有的慷慨激昂、义愤填膺；有的现身说法，娓娓道来；有的善于自嘲、幽默风趣；有的长于说理、富有号召力……

为何以"演讲"组元一个单元的内容呢？

演讲活动，古已有之。中国古代最早的演讲词可以上溯到夏启讨伐有扈氏的《甘誓》，《史记夏本纪》记载："启曰：'嗟！六事之人，予誓告女：有扈氏威侮五行，怠弃三正，天用剿绝其命……'"到了春秋战国，百家争鸣，各大学派的创始人都是演讲高手。儒家学派创始人孔子周游列国，借助其强大的"演讲力"，力求让各国君主采纳儒家"仁政"的学说，儒家学说也因此而广泛传播。与此同时，墨家的墨子也在不断游说于各国之间……战国时的纵横家们，更以巧辩服人……

演讲，这种结合视听、贯穿古今与时空的语言表达形式，到了近代中国更推动了新思潮、新风尚的生成。五四时期，受西方新思潮影响的进步知识分子，不断以"演讲"的方式，抨击封建制度及落后思想，向民众扬传民主共和，不断播洒着"民主与科学"的文化新主张。到了1935年，全国各地形成了以"振兴中华"为主题的演讲热潮。教育家阮真先生在《中学国文科的师资训练》一文中提出"在师范大学文科二年级上学期设置'演说学及实习'的课程，每周二课时"。

不仅如此，演讲在西方也是源远流长。古希腊荷马时代，虽然没有学校等专门教育机构，儿童和青少年的教育主要在实际生活中进行，但"教育的内容大致以军事和与军事直接有关的知识、技能为主，同时也注重演说能力的培养。"古罗马共和国后期的拉丁语学校，将学校教育分为初等、中等和高等教育三个阶段。其中高等教育指："读完文法学校后，准备担任公职的贵族子弟进入修辞学校或雄辩术学校。雄辩术学校的目标是培养演说家或雄辩家。"古罗马历史上，最杰出的演说家、教育家、古典共和思想最优秀的代表人物是西塞罗，他在著作《论雄辩家》中第一次谈及演说家必备的学问和品格。此后，古罗马昆体良又写就《雄辩术原理》，并提出"教育的目的，就是培养善良而精于雄辩术的人……雄辩家的主要任务是宣扬正义和德行，指导人们趋善避恶……善良、有德、坚持正义是雄辩家的起码条件……"

让我们循着中外传统教育足迹，走进演讲的澎湃天地，感受气势恢宏的雄辩乐趣！

二、演讲单元整体教学目标及分解目标

表1　演讲单元整体教学目标及分解目标

单元目标	课文	分解目标
学习演讲词：结合教材中的演讲词，了解作者思想观点，从开场白、主体、结语、语言风格、演讲思路等方面把握演讲词特点。 撰写演讲词：学习演讲词写法，撰写一篇演讲词。 举办演讲比赛：在课内外演讲视频等基础上，掌握演讲的基本技巧，举办班级演讲比赛	13.《最后一次讲演》/闻一多	初步了解演讲词及语言特点； 结合时代背景，学习作者坚强无畏的战斗精神和革命豪情
	14.《应有格物致知精神》/丁肇中	了解格物致知的精神，联系实际，培养科学实验精神； 尝试辩驳式的演讲词
	15.《我一生中的重要抉择》/王选	学习体会作者强烈的爱国情怀和忘我的奋斗精神； 体会演讲词幽默风趣的语言特点
	16.《庆祝奥林匹克引导复兴25周年》/顾拜旦	了解奥林匹克精神的内涵与价值，体会奥林匹克精神在全世界强大的生命力、感召力； 对比四篇演讲词的不同特点
写作撰写演讲稿	演讲稿的写作要点有：①依据观众特点，确定演讲主题、内容和语言风格；②注意吸引听众注意力的开头方式；③明确演讲观点，清晰展现演讲思路；④为提升演讲效果，精心设计结语；⑤锤炼演讲语言，增强演讲感染力	
活动举办演讲比赛	以"诚信"为演讲主题，举办一次演讲比赛，制定比赛规则，评选"班级超级演说家"	

三、演讲单元"读写力提升"进程表

八下第四单元以"演讲词"为主要体式，随文依次展开以下教学（见表2）。

表2　演讲单元读写力提升进程表

题目	开场白	主体	结语	语言风格	演讲结构思路
最后一次讲演	昆明出现历史上最卑劣、无耻的事。 发问质疑法	"你们"无耻 "我们"光荣	争取民主和平不怕死，敢牺牲。 提出倡议	慷慨激昂	运用正、反两方面事例。 对照式

续 表

题目	开场白	主体	结语	语言风格	演讲结构思路
应有格物致知的精神	接受奖项，谈学习自然科学。介绍缘由、引出话题	格物致知出处—本义—王阳明—实验精神—中国学生—我为例	真正的格物致知精神及意义。总结全文，加深印象	凝重庄严	逐层深入层进论证层进式
我一生中的重要抉择	61岁王选上任60岁盖茨退休对比自嘲，譬喻开场	1992年，扶植年轻人；世上可悲可笑的事（自身经历）；我的提议；真心诚意扶植年轻人。名人与凡人的差别	体现自我价值，把自己融入大集体。最终实现自我价值	幽默风趣	从自身经历，逐层深入论证。层进式
庆祝奥林匹克运动复兴25周年	5年前，5年后由5年前的事引入正题	奥林匹克精神的内涵及意义，本次庆典的五重声誉	美好祝福	凝重庄严	奥林匹克精神的历史、意义、重启意义等。层进式
方式方法	开场白的方法：①简介背景式②提问启发式③事件引入式④开头破题式⑤揭示中心式	主体部分依据表达方式分为三种：①记叙性演讲稿②议论性演讲稿③抒情性演讲稿	结语的方式：①决心倡议式②总结全文式③照应譬喻式④美好祝愿式……	语言风格：①慷慨激昂②凝重庄严③幽默风趣④朴实无华……	演讲结构思路（议论文结构）：①总分式②对照式③层进式④并列式
拟写演讲词、模拟演讲	以"诚信"为话题，写一则演讲词。注意开场白及结语的方式，主体部分的组材思路等。"现场演讲"评价按演讲主题（20分）、演讲内容（20分）、演讲语言（20分）、现场表现（20分）、感动指数（20分）等几项，小组间交叉打分，选出"班级超级演说家"				

四、演讲稿"读写力提升"助力系统——表格

表格，也叫图表，是一种可视化的交流模式，也是组织整理文字和数据信息的一种有效表现形式。它特有的横行和竖行分列，能在分类列举、结构安排、时空排序等信息处理方面，帮助我们做到清晰有序，也便于我们比较数据、文字等信息的异同，掌握一类或多类事物的主要信息点。

演讲词的结构思路是比较固定的，表格的横向部分能很好地呈现演讲词的"程序性"。演讲词的开场白、主体选用材料、结语、语言风格又是富于变化的，表格的纵向部分能为我们读写一篇演讲词提供能借鉴的方式方法，又具有

"可选择性"和"灵活性"。同时，表格的纵横向信息点，也能帮助我们评价一篇演讲稿的优劣。可以实现一表三用——读、写、评三用合一的奇效。

表格对于演讲词"阅读力提升"的主要作用有：1.表格横向呈现演讲词的基本要素，开场白、主体、结语、语言风格、结构思路。2.表格纵向呈现本单元四篇演讲词的题目及对应横向要素的具体内容。3.单行横向的信息点，呈现的是单篇演讲稿的基本内容；单列纵向的信息点，分别呈现的是四篇演讲稿在开场白、主体、结语等方面所采用的不同或相同的方式方法。

表格对于演讲词"写作力提升"的作用在于：在用表格列举四篇演讲词具体内容和对比其写法异同的基础上，结合具体的"演讲话题"，我们可以灵活运用表格图中所呈现的开场白、结语、结构思路的多种方式，自己写作一篇演讲词。表格横向的演讲词基本要素，可以帮助我们确定自己写作演讲词的基本内容、列出演讲词的写作提纲。利用纵向的演讲词每个部分不同的表现手法，我们可以依据演讲需要选择开场白、主体、结语等的合适表达方式。

第二板块 单篇读写教学设计及学生习作

初识演讲教学设计

一、文体解读

《演讲与口才教程》中这样解释"演讲"与"演讲词"："演讲是一种源远流长的社会现象和重要的社会实践活动，是'讲'与'演'密切结合的口语表达的最高形式，是以广大听众为对象，以发表主观思想感情为内容，以说服人、感染人、培养人、改变人的思想和行为为目的的说话形式；是人类交流思想、阐述观点、传播信息的重要手段……演讲稿也叫演说词，它是在较为隆重的仪式上和某些公众场所发表的讲话文稿……演讲稿的结构分为开头（也叫开场白）、主体、结尾（也叫结语）三个部分。"

初中阶段，第一次接触演讲和演讲稿，首先要让学生对这一活动形式和讲话文稿有一个具体可感的初步认识，才能有效开展单元所选四篇演讲词的学习。所以，先进行一节导入演讲和演讲稿知识的预备课。

二、教学重难点及教学策略

（1）视频导入，掌握什么是演讲词。

（2）再现视频，让学生通过"演讲现场"辨识演讲词的结构组成。

三、教学设计

（一）导入

刚举行过南山区"我与读书"演讲比赛，荔香学校八（3）班万家琪获得特等奖第1名。我们先来看看她现场演讲的3分钟视频。

播放万家琪"发现爱，让我无所畏惧——读《哈利波特与死亡圣器》有感"演讲视频。

（二）分析演讲

说说这个演讲为什么能获得特等奖第1名？演讲者在演讲时有哪些过人之处？

（1）开头问候语，"大家好"突然扬上去，说得音量大、重音多——语调抑扬变化。

（2）体态端庄，衣着得体——外观让人舒适。

（3）内容上很吸引人，先说哈利波特的故事，又结合自己经历——材料选择得当。

（4）结尾加了握拳加油的动作，声音洪亮，富有激情——体态语言助力演讲。

一个好的演讲，必须有好的演讲词作为支撑。再次观看视频，说说这份演讲词在开头、中间、结尾的内容及优点。

（三）总结演讲必备环节

小结一份精彩的演讲词必须具备的几个环节：

（1）开头：提问法迅速吸引听众的注意力。这段视频开头的问题是"说起魔法世界你会想到什么呢？"

（2）中间：两则材料紧扣演讲主题。先介绍哈利波特战败伏地魔是因为有众人爱的支持，这是惊天动地的爱；再说自己成长中因为有妈妈的爱的支持而变得无所畏惧，这是日常可见的爱。

（3）结尾：结语富有感召力。演讲的结尾是"让我们从阅读中发现更多爱的真谛，获得更多爱的能量吧"很具有号召力。

（4）语言风格：活泼灵动。

（5）结构思路：将哈利波特的经历与我的经历比照，对比式。

表格法出示演讲词的基本结构内容：开场白、主体、结语、语言风格、结构思路。

（四）引导学生分析、体会演讲特点

观看罗振宇2019年《时间的朋友——"我辈"》跨年演讲前21分30秒。

说说这两段视频演讲词的开场白、主体、结语、语言、思路的特点。（见表3）

表3　视频演讲词分析

演讲	开场白	主体	结语	语言特色	结构思路
发现爱，让我无所畏惧——读《哈利波特与死亡圣器》有感	提了一个问题	哈利波特斗伏地魔，众人的支持；我有母亲的爱，战胜困难	号召式	活泼灵动	对比式
时间的朋友——"我辈"（2019跨年演讲）	六个问题开场	我关心的问题——你们是一群奇怪的人哪？举例嘉兴图书馆举办的五千场活动说起——做事的人曾国藩讲的一个故事——"直面挑战，躬身入局"；电影《风声》结尾"只因弥足到了危亡时刻，我辈只能奋不顾身"——我辈；中国上古神话中的"我辈们"盘古、女娲、后羿、夸父、精卫、愚公	直面挑战者，躬身入局者，皆为我辈；法国作家加缪曾说："请不要走在我的前面，因为我可能不会跟随；也请不要走在我的后面，因为我可能带不好路；请走在我的旁边，做我的朋友。"	睿智沉稳发人深省	层进式

《最后一次讲演》教学设计

一、文本解读

闻一多，中国现代著名诗人、学者、民主战士。他是新月派诗人的代表人物，著有《红烛》等诗集，他的代表作《死水》想象奇特、形式严整，音律和谐。他还是一位前无古人、后无来者的古典文学研究学者。西南联大时，他教授《诗经》等课程，潜心研究古典文献，著有《唐诗杂论》《楚辞校补》《古典新义》等古典文学研究著作，成为"何妨一下楼主人"。他更是一位一身正气、拍案而起、不怕牺牲的民主战士。

《最后一次讲演》，是闻一多先生在1946年7月15日参加李公朴先生的追悼会上，发表的一篇即兴演讲。会后，他被国民党特务残酷暗杀。

二、教学重难点

（1）结合时代背景，学习作者坚强无畏的战斗精神和革命豪情。
（2）体会这篇演讲词在情绪传达、人物称呼、情感变化等方面的特点。

三、教学设计

（1）简介作者及演讲背景。
（2）播放闻一多《最后一次讲演》视频，简要说明这篇演讲词的内容。
（3）齐读、个别朗读演讲词，感受这篇演讲词在语言方面的特点。
① 开场白如何传达愤怒的情绪？（连串的质问、叹号的多次使用、反问法）
② 主体部分在称呼上有何变化，这样有什么样的表达效果？感情有什么变化？（特务——你们；群众——我们。形成两相比照式的表达效果，表现出爱憎分明的情感特点。语言上，用反复、排比等修辞增强语言的气势，极力表达对特务们的仇恨和憎恶之情；也热情赞扬云南人民反压迫、敢抗争的光荣历史传统。）
③ 结语是如何增强演讲的气势的？（号召警策式，类比烘托式）

（4）小结本篇演讲词的特点（见表4）。

表4 《最后一次讲演》特点

题目	开场白	主体	结语	语言风格	演讲结构思路
最后一次讲演	昆明出现历史上最卑劣、无耻的事。 发问质疑法	"你们"无耻 "我们"光荣	争取民主和平不怕死，敢牺牲。 提出倡议	慷慨激昂	运用正、反两方面事例。 对照式

《应有格物致知精神》教学设计

一、文本解读

丁肇中，一个伟大的华裔物理学家。在1976年获得诺贝尔物理学奖时，他在获奖演讲中全程用中文。在他心中，中文是世界上最重要的语言之一，他想让全世界都知道中国将会成为未来世界的科技强国。1994年起，他开始担任中国中科院外籍院士，不断为中国培养物理学方面的专家。

但他出生在美国，12岁前并未接受过传统教育，因而也对明代的心学创始人王阳明有了误解。这篇《应有格物致知精神》是丁肇中先生在1991年10月北京人民大会堂"情系中华"大会上发表的演讲，其中对于"王阳明格竹"的论述，着实误解了王阳明心学，对王阳明本人也存在以偏概全的误解。事实上，王阳明是中国传统文人中"格物致知""知行合一"的标杆与典范。

二、教学重难点

1.了解格物致知的精神，联系实际，培养科学实验精神。

2.尝试写辩驳式的演讲词。

三、教学设计

（1）导入：出示《大学》中关于"格物致知"的原文"古之欲明明德于天下者，先治其国；欲治其国者，先齐其家；欲齐其家者，先修其身；欲修其身者，先正其心；欲正其心者，先诚其意；欲诚其意者，先致其知；致知在格物。物格而后知至，知至而后意诚，意诚而后心正，心正而后身修，身修而后家齐，家齐而后国治，国治而后天下平。"了解"格物致知"的内涵。

（2）介绍本文作者及写作背景。

（3）默读这篇演讲词，标出这篇演讲词的要素，并思考围绕"格物致知精神"作者是如何展开演讲的。

① 开场白：此次演讲缘由。②主体：先说"格物致知"在中国传统教育中的本义；举出王阳明格竹的反例；再说自己从事科学研究的经历。③结语：阐明真正的格物致知精神的内涵。

（4）提出疑问：王阳明当真是"格物致知"的反面例子吗？

① 简介王阳明及其主要事迹。②王阳明心学主张"知行合一"，具体有四句口诀：无善无恶心之体；有善有恶意之动；知善知恶是良知；为善去恶是格物。

（5）布置作业：《与丁肇中先生谈谈"王阳明"》，或自拟题目。

表5 《应有格物致知精神》特点

题目	开场白	主体	结语	语言风格	演讲结构思路
应有格物致知的精神	接受奖项，谈学习自然科学介绍缘由、引出话题	格物致知出处—本义—王阳明—实验精神—中国学生—我为例	真正的格物致知精神及意义 总结全文，加深印象	凝重庄严	逐层深入 层进论证 层进式

四、学生习作

对《应有格物致知精神》的不同看法

八（7）班 黄灏轩

大家好，我是黄灏轩。今天我要跟大家聊聊与丁肇中教授《应有格物致知精神》文章不同的两个观点。

首先，丁教授在文章中认为王阳明是个不注重实践的人，和其他学习传统儒学的儒生一样。这一点我并不认同。

事实上，王阳明是一个行动力很强的人，在理论上和行动上他都是巨人！

甚至，我们可以叫他进击的巨人！体现王阳明"超强行动力"的实例很多，比如说他去江西剿匪时，最开始啥都没有，全靠他自己挑选士兵、训练军队、制定战术，最终困扰江西几十年不得解决的匪患被他一年半不到就解决了，足以证明他的行动力之强。

同时，王阳明心学与陆九渊心学是不一样的。这个不一样在于——王阳明心学提出了要"事上练"，也就是实践。这也是他和陆九渊心学最大的不同之处。因此，丁教授所说的"偏向理论而忽视实践"可以说是无稽之谈。

其次，丁教授认为王阳明的观点代表了儒家的传统思想。我认为这不准确。丁教授他举了个例子，也就是王阳明格竹子这件事，来证明王阳明是儒家思想的代表这一观点。但其实这件事有个很有趣的细节，就是他是与另一个人一起格竹子的。两个人格了好几天竹子，都格得头晕目眩。结果，王阳明生气地说："这竹子就没道理，我能格出个什么？就算朱熹老头子说世界上一草一木都有道理，那我格到去世估计也格不出啥！"但他同窗却说："你不能格不出来就说人家没道理啊！说不定是你没有天赋呢。"王阳明没说话，但朱熹理学在他心里却是被否定了。从这件事中我们就能看出，丁教授在文章中说王阳明的这件事中表现出的思想代表了儒家的传统思想和认识的这个观点，是片面的。

文章中还说当时儒家的传统看法是：真理是从"圣人"内心领悟的。"真理是从内心领悟的"这一观点的确是传统儒家最开始提出的。后来又分成了程朱理学与陆王心学。程朱理学（程指的是程颐，朱指的是朱熹）的观念是通过外界的规矩去辅助规范自身，以达到"存天理，去人欲"这一终极目标。与之不同的是陆王心学，陆九渊心学认为真理本身就存在于人心中，只需要在自己身上下功夫，而不是依靠外界的"天道"去规范。在此基础上，王阳明的心学又在陆九渊心学之上提出了"事上练"，也就是实践。所以，王阳明并不代表着传统儒家思想。

综上所述，丁肇中先生在《应有格物致知精神》中，把王阳明作为反例是片面的，也是错误的。

驳《应有格物致知精神》

八（8）班　杨心伊

丁肇中先生的演讲《应有格物致知精神》给当代以及未来青年的学习探索之路指明了一条清晰的道路：格物致知。

其中，他举了四书之一《大学》和明朝哲学家王阳明格竹的反例，认为传统教育埋没了格物致知的真正意义。但是，《大学》中格物致知的意义真的被埋没了吗？

我认为丁先生对中国传统文化的认识理解并不准确。《大学》关于"格物致知"的解释可以理解为：一个人，首先应塑造自己，而后逐步提升，最后造福百姓。

这个人既能提升自我，又可造福他人，为何说意义被埋没？丁先生是从科学角度来观察、探讨格物致知，自然认为格物致知的真正意义不在此处。丁先生是科学家，而格竹的王阳明先生是哲学家，二者处于不同领域，丁先生从科学的角度评判哲学的格物致知，是失之偏颇的。同时，也说明：格物致知，不能只限定在某个方面，或某一领域。

这样，也引发一个新的疑问——王阳明的"格物"，果真是消极观察吗？

解决这个疑问，我们应先了解王阳明思想。王阳明是明代心学集大成者，主张"心即理""知行合一"和"致良知"。单凭"知行合一"这一点，丁先生"王阳明只注重理论而轻视实验"的观点就站不住脚了。不仅如此，种种史实表明王阳明是一个非常注重实践的人，并非只偏向于理论。

由此可见，丁先生对中国传统思想并不是很了解，而丁先生说"王阳明将探察外界误认为探讨自己是传统儒家看法所决定的"更是错误。因为王阳明"心学"虽源自儒家，却独行一派，它甚至冲击了僵化的程朱理学。所以，丁肇中先生对中国传统文化的理解也并不全面，他所认为的更是对王阳明的误解。

另外，禁锢中国人思想的是明清时期的八股取士和文字狱，而不是王阳明心学。所以，丁先生所说的"王阳明的思想支配中国人头脑"之类的话，便更显得无所依托，完全错误了。

综上所述，我认为丁肇中先生的看法并不准确，王阳明的"格竹"并非消极观察，他反而从格竹中得到新的领悟，而最终悟道，提出"心学"主张——"知行合一""致良知"。王阳明本人，不仅不应是反面教材，而恰恰是我国传统文人注重实践、躬身力行的大众榜样和士人典范！

《我一生中的重要抉择》教学设计

一、文本解读

这篇《我一生中的重要抉择》，是被誉为"当代毕昇"的计算机文字处理专家——王选，1998年10月在北京大学发表的演讲词。

王选先生的这篇演讲词风趣幽默，善于自嘲。用"比尔盖茨说60岁退休，而自己却在61岁高龄领导方正"的巨大反差作为开场白，开场引发听众笑点。

不仅如此，全文笑点总是如礼花般喷涌而出："一个快落山的太阳""世界上很难找到60岁以上的计算机权威，只有60岁以上犯错误的一大堆""院士者，就是他一生辛勤奋斗，做出了出色贡献，晚年给他一个肯定，这就是院士"……

细细欣赏这篇演讲词幽默风趣的语言特点，也便成为品读学习的重点。

二、教学重难点

（1）学习体会作者强烈的爱国情怀和忘我的奋斗精神。
（2）体会演讲词幽默风趣的语言特点。

三、教学设计

（一）对比导入，毕昇、王选

东汉毕昇发明了活字印刷术，当代也有一个人被誉为"毕昇"，他就是"汉字激光照排系统"的领导研制人——王选。这篇演讲词是他在1998年10月在北京大学发表的演讲。

（二）下发原文，速读"抉择"

前五个抉择分别是：第一个抉择，在大学二年级即1954年进入北京大学的数学力学系（这个抉择告诉自己：一个人一定要把他的事业，把他的前途，跟国家的前途放在一起，这是非常重要的）；第二个抉择，在24岁的时候，做了一生中最重要的决定，就是在有了几年的硬件的基础上，投身到软件，投到程序设计、程序自动化——就是编系统；第三个重要抉择，是在二十多岁时，决定锻炼英语听力；第四个抉择是1975年，从事照排项目，采用了与众不同的技术途径（认为克服困难本身是一种难以形容的享受）；第五个抉择是在80年代初，致力于商品化、企业化，坚持不懈地走商品化、企业化的道路。

（三）速读本文，选评要点

说说这篇演讲词的主要内容和语言特点。

主要内容：第六个重要抉择，花大力量扶植年轻人，让年轻人逐步取代自己的作用。

语言特点：风趣幽默。

（四）抓取妙言，品析成因

学习此篇演讲幽默的语言密码。

自嘲式譬喻：快落山的太阳、狗皮膏药式的演讲。

反差式对比：60岁退休与61岁上任；年轻时小人物，年老时被称权威；年轻时辛勤奋斗，年老时成了院士；凡人老了称老王，名人老了称王老……

（五）小结本文，再现要素

小结本文，总结要素。（见表6）

表6 《我一生中的重要抉择》特点

题目	开场白	主体	结语	语言风格	演讲结构思路
我一生中的重要抉择	61岁王选上任；60岁盖茨退休；对比自嘲，譬喻开场	1992年，扶植年轻人；世上可悲可笑的事（自身经历）；我的提议；真心诚意扶植年轻人；名人与凡人的差别	体现自我价值，把自己融入大集体，最终实现自我价值	幽默风趣	从自身经历，逐层深入论证；层进式

《庆祝奥林匹克运动复兴25周年》教学设计

一、文本解读

顾拜旦，曾在1896—1925年间，担任国际奥委会主席，他是法国著名的教育家、体育活动家、历史学家，也是现代奥林匹克运动的发起者。不仅如此，他还参与设计了奥运会会旗和会徽，被人们誉为"奥林匹克之父"。

这篇演讲词是在1919年4月，顾拜旦在瑞士洛桑国际奥委集会上发表的演讲。不知是翻译的缘故，还是中西方思维方式的差异，这篇演讲词显得思路较为混乱。但如果从发掘"奥林匹克精神"的内涵出发，再读这篇演讲词，就比较好理解了。

二、教学重难点

（1）了解奥林匹克精神的内涵与价值。体会奥林匹克精神在全世界强大的生命力、感召力。

（2）对比四篇演讲词的不同特点。

三、教学设计

（一）东京奥运，导入新课

2020年东京奥运会因疫情推迟到2021年，奥运会统一口号是什么？（更快、更高、更强，自1920年确立）

这个口号的提出者正是本文作者顾拜旦的好友巴黎阿奎埃尔修道院院长迪东。

（二）作者及本文背景介绍

顾拜旦，现代奥林匹克运动的倡导人。

（三）围绕"奥林匹克精神"，速读本文

说说"奥林匹克精神"的内涵：①勇气；②自信；③努力拼搏；④所有人享受强身健体的乐趣；⑤民主而公平。

（四）再读本文，小结特点

总结本课演讲词的特点。

（五）对比本单元四篇演讲词的异同

回顾本单元演讲词，总结对比本单元四篇演讲词的异同。

表7 《庆祝奥林匹克运动复兴25周年》特点

题目	开场白	主体	结语	语言风格	演讲结构思路
庆祝奥林匹克运动复兴25周年	5年前，5年后由5年前的事引入正题	奥林匹克精神的内涵及意义，本次庆典的五重声誉	美好祝福	凝重庄严	奥林匹克精神的历史、意义、重启意义等；层进式
方式方法	①简介背景式；②提问启发式；③事件引入式；④开头破题式；⑤揭示中心式	主体部分依据表达方式分为三种：①记叙性演讲稿；②议论性演讲稿；③抒情性演讲稿	①决心倡议式；②总结全文式；③照应譬喻式；④美好祝愿式……	①慷慨激昂；②凝重庄严；③幽默风趣；④朴实无华……	（议论文结构）：①总分式；②对照式；③层进式；④并列式

撰写演讲稿及演讲比赛写作活动教学设计

一、演讲稿作文题目（以下二题任选一题）

当堂作文1课时

1. 题目：写给初三的自己

要求：为自己画像，围绕以下几方面撰写演讲稿。

我是怎样的人；我想过怎样的生活；即将到来的中考，我能做些什么；如何让人生更有意义？

2. 题目：我的精神领袖——（名人姓名）（或《榜样的力量》）

要求：选一位能成为自己精神偶像的名人（可以是文学家、诗人、学者、科学家、物理学家、生物学家等），偶像可以是球星、歌星等。

围绕以下几方面撰写演讲稿：①为何选他（她）作为自己的精神领袖或偶像；②这位名人（偶像）的人生经历，他（她）是如何实现自己的人生理想的；③他（她）有什么样的精神品质、人格魅力；④"我"如何追随他（她）的脚步，追寻他（她）的光亮！

二、演讲稿格式要求

演讲题目

称呼语：

□□问候语

□□开场白（也叫开头语）

□□主体（可以有至少3个部分）

□□结语

□□致谢语

落款：　　年　月　日

三、演讲比赛评分要求

小组交叉打分，总分前三名获得"班级超级演说家"。

表8　评分要求

选手姓名	演讲主题（20分）	演讲内容（20分）	演讲语言（20分）	现场表现（20分）	感动指数（20分）

四、教学过程

演讲比赛1课时

（1）导入：播放俞敏洪《1分钟励志演讲》（短小的演讲也可以很精彩）。

（2）亮出演讲评分标准，请每组优选代表上台演讲（全班4—6人一组）。

（3）其余成员依据评分标准给上台选手打分（除本组选手），每组算出给每个成员的均分并汇总，得分最高的前3名演讲者，获得"班级超级演说家"称号，颁发奖状。

（4）播放张锡峰《小小的世界，大大的你》（10分钟），品味演讲的力量。

（5）教师小结：世界很小，你很大。心有多大，你的世界就有多大。让短短的3分钟演讲，从此开启你长长的寻梦追光之旅！站起来，从大胆地站上讲台开始。从此，占据自己人生的主场！演说吧，从大声地表达你的演说开始。从此，向世界宣告你的人生主张！

五、学生习作

记一堂"演讲课"

八（8）班 宋 波

掌声如同暴风雨般降临，小演说家们先后上台，将那自古以来就嵌入中华民族血脉中的"诚信"通过语言向大家展现。

那么，诚信到底是什么？这堂课上，8班优秀的小演说家们带我们一起探寻。

首先上场的是夏梓轩同学，他演讲流畅，而且与其他人相比他脱稿了，虽然演讲的声音有些小，但依然饱含对诚信的热情。虽然他平时不招同学们待见，可此刻，他依旧用他精彩的演讲换来了同学们如巨浪汹涌般的掌声，可见他对诚信的热情与遵守远远超越了同学们对他的偏见。这难道不是诚信的力量吗？

随后上场的有梅寒同学，作为班上常驻的小演说家，她不仅拥有夏梓轩声音清晰，演讲流畅的优点，她的语言还极富感染力，令人沉醉于诚信的"怀抱"中。

大大的眼中流露出的是诚信；抑扬顿挫的语言中，充满了诚信；演讲的动作中，诚信如水般流过每个人的心。无形的诚信，此刻却拥有了相貌、声音。金色的诚信，此刻镶入全班46人的生命与灵魂中，发着光。

一堂演讲课，揭开了诚信神秘的面纱，此刻。诚信将不再是那疏远于人们生活的高傲品质，它渗入我们的血脉，进入我们的骨髓，将一直传承下去。

诚信贵于金

八（7）班　温凯程

尊敬的老师，亲爱的同学们：

大家早上好！

我是荔香学校八（7）班的温凯程。今天，我要和大家分享的主题是——诚信！

诚和信，是中华民族几万个汉字中再普通不过的两个字。在生活中，这两个字组成的词——"诚信"已渗入到我们生活的方方面面。施工现场的挡板上写着"诚信"，教室的墙壁上写着"诚信"，电视的广告里也时不时蹦出来个"诚信"……生活处处讲诚信。诚信，为何如此重要？

俗话说得好，"诚信比金子还珍贵"。小时候，每当看过这句话，我就喜欢找到"诚信"这两个字，在书本上，在海报上，去抠。抠啥？金子啊！现在想想，挺蠢的……

可是，"诚信"这两个字中既没有金子，也没有钻石，为什么还要说比金子还珍贵呢？因为，诚信是企业的无形资产，是一个人的安身立命之本！

大家还记得1985年那把"海尔大锤"吗？如果海尔没有砸毁那76台问题冰箱，守住了自己的诚信，会取得今天的辉煌吗？大家还记得2008年的三鹿奶粉事件吗？如果三鹿集团没有用非法添加物，丧失了自己的诚信，国民会对国产奶制品这么没信心吗？

春秋时期，孔子曾经说过"人无信不立"。诚信，是一个人最珍贵、最基本的东西。如果有人失去了它，真不知他该如何在这个处处讲诚信的社会上生存！

愿同学们都能守好属于自己的那一份诚信！谢谢大家。

参考文献

[1] 义务教育教科书·语文·八年级下册 [M]. 北京：人民教育出版社，
　　2017.

［2］司马迁.史记［M］.北京：中华书局，2011.

［3］顾黄初.语文教育文集［M］.北京：人民教育出版社，2002.

［4］吴式颖主编.外国教育史教程［M］.北京：人民教育出版社，1999.

［5］颜永平，杨赛主编.演讲与口才教程［M］.上海：华东师范大学出版社，2012.

［6］王国轩译注.大学中庸［M］.北京：中华书局，2016.

深圳市南山区荔香学校　陈　芳

游记单元整体教学设计

——以八年级（下册）第五单元为例

第一板块 单元文体整体解读

一、游记单元教学定位分析

夏丏尊、叶圣陶先生在《文话七十二讲》中这样解释"游记"："游记有两种：一种只记某一名迹或某一园林、寺观，题材比较简单；一种记某一地方、山岳或都市，题材比较阔大……游记中含有两种成分，就是作者自己的行动和所游境地的光景。"

部编语文新教材八年级下册第五单元的主要文体为游记。《写作学写游记》中说："把游览时的经历和感受写下来，就是游记。游记往往包含两方面的内容：一是交代游踪，通过游踪记述游览的经过，以此串起全文；二是描写景物，抒发感受。后者是写作的重点，须详写；前者则宜简略，只要能起到交代和串联作用即可。"

如此看来，作家们写的"游记"与学生习作中的"游记"是有一定区别的。作家游记题材广大、取材更为丰富。学生习作"游记"则主要记录外出旅游看到的地标式的景象和旅行途中的感受即可。

这一单元作家所写的游记视角独特、取材或大或小，风格多样。不同的艺术表现手法，让这些游记呈现出不一样的风貌。

《壶口瀑布》的作家梁衡妙取两个季节——雨季和枯水季到达壶口。雨季，俯视水流令人心惊退缩；枯水季，仰视河水让人寒噤不已。结尾更将黄河比作一个经历很多磨难、最终铸就伟大品格的人。最终让读者在赏完奇景、叹完奇观、见识奇境后，奇情、奇悟浩然升起！

《在长江源头各拉丹冬》我们则随着西藏文学作家马丽华一起登上海拔六千多米的各拉丹冬。这里，晶莹的冰峰连绵起伏；这里，长长的冰河平坦辽阔；这里，巨大的冰谷蜿蜒伸展。这里，虽拥有最广阔壮美的冰塔林奇观，却最让人感到体力衰竭、近乎窒息。盛大的景观与渺小的人类形成巨大的反差，极致的美对应身体极度的不适，带给读者别样的高原体验。

《登勃朗峰》中，美国著名短篇小说家马克·吐温登上欧洲著名的阿尔卑斯山主峰——勃朗峰。作者和朋友徒步上山，一边饱览沿途美景，一边笑看颠簸乘车的男男女女；下山时，更泼墨狂写自称"车夫之王"的车夫。这车夫既一起吃了美餐，又纵情畅饮一番，于是卖力一路狂奔。"享受"一阵疾风般的颠簸后，我们超过长长的旅客车队，成功住进一间上等客房。让人不禁边看边笑，捧腹不已。

《一滴水经过丽江》作者阿来化身为"一滴水"，一路流淌，一路风景，从"物"的视角观照丽江的优美风物，用笔跌宕起伏，别有风味。

正如作家梁衡在《文章三层美》中所言："散文既是一种艺术，其美是有层次的。我认为可以分为三层。第一个层次是描写的美。借助客观形象，其艺术力是暂时的。第二个层次是意境的美，袒露作者主观的心向，有个性、艺术力持久。第三个层次是哲理的美，又返归到客观真理，点破天机，使人们永久地折服。"

让我们一起走进游记类的散文世界，感受纷至沓来的景物描写美，体味让人心生向往的意境美，感受游览观赏中天机乍现的哲理美。

二、游记单元整体教学目标及分解目标

表1　游记单元整体教学目标及分解目标

单元目标	课文	分解目标
了解游记特点，把握作者游踪；学习游记写景的角度和方法；揣摩品味语言，欣赏积累精彩语句；丰富见闻、增长知识、开拓眼界	《壶口瀑布》/梁衡	整体感知，初步了解游记特点；体会作者遣词造句的语言特点，欣赏精美语句；学习文章独特的观察角度，领会景物独有的特征；感受黄河对中华儿女的象征意义与激励作用
	《在长江源头各拉丹冬》/马丽华	学习按一定顺序，多角度写景，突显各拉丹冬雪山特征的写作方法；抓住关键句，品味文章语言魅力，理解关键词句含义；感受高原的壮美风景，及作者细腻丰富的情感
	《登勃朗峰》/马克·吐温	整体感知文章内容，在朗读中感受壮美的景色和奇特的人物；品味文章幽默风趣的语言，感受作者的情怀；学习本文写景、叙事、写人详略得当、错落有致的写作手法
	《一滴水经过丽江》/阿来	整体感知，调动想象，感受丽江美；抓住关键句，欣赏本文独特新颖的拟人写法；培养欣赏美、热爱美、珍惜美的思想情感，提升审美情趣
写作　学写游记		能恰当选取一些具有地标性的景物；抓住景物特征，采用一定的观察角度；尽可能多用几种表现手法，写一篇游记

三、游记单元"读写力提升"进程表

八下第五单元以"游记"为主要体式，随文依次展开以下教学（见表2）。

表2　游记单元教学内容及侧重点

教学内容	教学侧重点
迅速把握作者的游踪；了解观景的不同角度；学习写景的多种方法；赏析优美的写景语言；体味作者抒发的情感；领悟文章蕴含的哲理	《壶口瀑布》学习不同季节、不同地点所带来的不同观察角度，文中描写景物的多种方法，以及象征写法。《在长江源头各拉丹冬》学习用人物表现烘托侧面景物特征的写法。《登勃朗峰》用人物的言行举止侧面写景的独特手法。《一滴水经过丽江》用拟人化的笔法写游记的新奇视角
写作　学写游记	写一个自己游览过的景点或者熟悉的一处风景

四、游记"读写力提升"助力工具——鱼骨图

鱼骨图，也称为"因果图"。它是一种发现问题"根本原因"的方法，也是一种透过现象看本质的分析方法。它因特有的鱼头状及鱼骨架的组合形式而得名。

鱼骨图，在游记的阅读、写作和写后评改中，具有一表三用的功效。在阅读游记时，鱼骨图能呈现一篇文章的思路，也是一种能加深阅读印象的读书笔记。在写作游记时，先借助鱼骨图列出写作提纲，帮助学生理清写作思路，这样写作起来就会文思顺畅。写完作文后，教师可引导学生利用鱼骨图进行互评自改。这样，可视化的思维工具——鱼骨图，让游记的读写过程变得顺畅而高效。

鱼骨图对于游记"阅读力提升"的主要作用有：1.鱼骨图特有的上下骨刺状结构，能很好地呈现游记中景物变化与人物心情变化的两条主线；2.鱼骨图的鱼头可以标明游记的主要游览地点，而主骨处则可以标明主要的游览线路；3.鱼尾处还能够标明游览这个景观后，人们所获得的感悟心得。一幅鱼骨图，可以条分缕析地将一篇较长较为复杂的游记，简明清晰地呈现出来。

鱼骨图对于游记"写作力提升"的作用在于：我们可以用鱼骨图画出自己所写游览地的写作思路。先在鱼头处标明想写的各个景观，然后在主骨处标明游览这一景观时依次经历的具体地点。还能在上半部的大骨、中骨处标明不同地点的特征、采用的修辞手法、观察角度、表现手法等。在下半部的大骨、中骨处，可以标出游览对应地点时的心情变化和不同的感受。鱼尾处简单标明自己游览后的收获。这样，对照画出的鱼骨图，理清所写游记的思路，就能毫不费力地写作出一篇游记了。写成后，还可以对照之前学过的名家游记鱼骨图，互批互改，提升游记的写作能力。

第二板块 单篇读写教学设计及学生习作

《壶口瀑布》教学设计

一、文本解读

梁衡，山西人，当代著名散文家、新闻理论家、学者。他从《光明日报》山西站的一名记者起步，在大量新闻实地采访、观察、阅读、思考、沉淀、新闻创作过程中，最终成长为一位大气磅礴、自成一格的当代散文大家。他的散文集《把栏杆拍遍》《人人皆可为国王》《人向天的倾诉》《带伤的重阳木》等深受广大读者的推崇和喜爱。

他先后有六十多篇散文作品，入选到大、中、小学语文课本。《晋祠》入选1982年人教版初三语文教材；《觅渡，觅渡，渡何处？》入选2003年人教版高中语文教材；《夏感》入选2010年版人教版初中语文教材；《壶口瀑布》入选2017年部编初中语文教材；他写居里夫人的《跨越百年的美丽》更是分别入选在全国各地十三个不同版本的语文教材中……

梁衡散文的美，用他自己的话说来可以归纳为"三层五诀"。散文的"三层美"是指："第一层次描写美客观形象，直觉暂时；第二层次意境美主观形象，情感持久；第三层次哲理美客观抽象，思想永久。""文章五诀"指："形、事、情、理、典五个要素，我们可以称为'文章五诀'。其中形、事、情、理正好是文章中不可少的景物、事件、情感、道理四个内容，又是描写、叙述、抒发、议论四个基本手段。四字中'形''事'为实，'情''理'为虚，'典'则是作者知识积累的综合运用。"

这篇《壶口瀑布》充分展示了梁氏散文的"三层五诀"特色。雨季时的壶口瀑布，危险而让人心惊，作者用"煮沸的水"写出壶口瀑布的狂躁、用"一股劲地冲"写出壶口瀑布的汹涌，更用震耳欲聋的涛声写出壶口瀑布的声势之大。比喻、拟人、虚实结合、正侧面烘托照应等写法交错使用，体现出其语言描写的豪放错落之美。写枯水季的壶口瀑布时，除了写仰视壶口瀑布状貌，更集聚笔力细写壶口瀑布奔腾涌动、震天动地的惊人画面。让人似聆听一曲交响乐，又似在观赏一幅洒脱的写意画，营造出一种既激荡猛烈又庄严凝重的意境美。最后两段，作者荡开一笔，由水及人，写出黄河水宽厚博大、柔中带刚、遇强则抗的精神与品格，正如一个遭遇种种挫折、最终铸就伟大品格的人。整篇文章融记叙、描写、议论、抒情于一体，格局宏大，气势磅礴，震人心魄。

二、教学重难点

（1）整体感知，初步了解游记特点。

（2）体会文章遣词造句妙点，欣赏精美语句。

（3）学习文章独特的观察角度，领会壶口瀑布的特征。

（4）充分体会黄河对中华儿女的象征意义与激励作用。

三、教学设计

（一）导入

说说你曾经旅游过的名胜古迹，或者参观过的博物馆、公园。

（二）文体及作者简介

游记是一种记叙游历过的景观、名胜，通过写景来抒发感情、表达生活感悟的文体。

（1）游记在中国早已有之，比如文言文的《桃花源记》《小石潭记》等都是游记，当代作家中写游记很有名的有余秋雨、梁衡等。

（2）梁衡原先为《光明日报》的记者，在他写作大量的新闻及实地采访后，他不断尝试散文创作，他有很多作品入选中小学语文课本，这篇《壶口瀑布》就是他的代表作之一。从内容而言，是一篇游记；从文学作品的分类上，是一篇散文。

（三）速读全文

把握作者行踪和所见景物。

（四）品读第2、3段

对比这两段景物不同的观赏季节、观察角度、景物特点和观景感受。

（五）齐读第4、5、6段

赏析象征写法，作者如何从黄河水写到一个人，黄河水有着怎样的品格，象征着哪一类人。

作业：延伸阅读郁达夫的《西溪的晴雨》，对比《西溪的晴雨》与本文在写景方面的异同。

四、板书设计

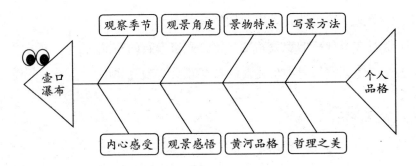

《在长江源头各拉丹冬》教学设计

一、文本解读

马丽华，一位以西藏纪实文学为主要写作内容的当代女性作家。她扎根西藏27年，积累了丰富的藏区写作题材，曾经出版涉藏题材的纪实文学作品二十多部。代表作"走过西藏"系列四部——《藏北游历》《西行阿里》《灵魂像风》《藏东红山脉》。

《在长江源头各拉丹冬》选自《藏北游历》。这是一篇以"景物描写美""意境营造美"取胜的游记。文中的各拉丹冬是唐古拉山的最高的雪山群，主峰海拔高度为6621米，这里也是长江的源头。各拉丹冬峰群山脚下，有一个面积800平方公里左右的冰塔群，被人们叫作岗加巧巴（意思是"百雪圣灯"）。这些冰塔林，在作者看来有如琼瑶仙境，它们在阳光和风的作用下，形成各种曼妙的形状。有的似宝塔，有的似光柱，有的似水晶，有的似流苏……一些冰塔底部融化后形成冰窖，人们坐在里面竟然有温暖如春的舒适感。面对这些晶莹夺目、千姿万态、自然伟力下形成的冰塔林，人们既感叹大自然的神奇，也感慨人类自身的渺小。作者因不小心摔裂了尾椎骨，在这极致炫目的美中，承受着近乎生命衰竭的无力。

让我们随着作者独特的经历，一起进入各拉丹冬的奇幻冰雪世界。

二、教学重难点

（1）学习按游览顺序、多角度描写景物、突显景物特征的写法。

（2）抓住关键句，品味文章语言魅力，理解关键词句含义。

（3）感受高原的壮美风景，体会作者细腻丰富的情感。

三、教学设计

（一）导入

说说你经历的一次最精疲力竭的旅行，去了哪儿，有什么主要经历？

（二）介绍各拉丹冬与作者马丽华

（1）各拉丹冬是唐古拉山脉最高的雪山群，海拔6000米以上。拥有著名景观——冰塔林。

（2）马丽华，曾经出版过一系列西藏纪实文学作品，代表作有"走进西藏"四部纪实作品。

（三）速读全文，理清作者经历及感受

迅速理清作者在各拉丹冬的经历及感受（用鱼骨图画出）。

（四）对比这篇文章与《壶口瀑布》写景手法的不同

作业：根据本文"情景交融"的写法，写一段"体育课上体能训练"的情景。

223

四、板书设计

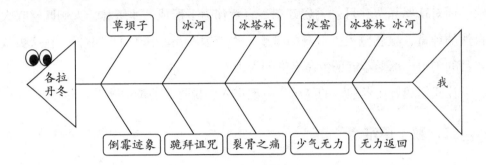

五、学生习作

体育课上

八（8）班　曾泽凯

体育课上，体育老师加大了体能训练的强度，随着他一声声地"咆哮"，我们无奈又恐惧地踏上了操场，迎接"激情似火"的艳阳；迎接"激情似火"的老师；迎接"激情似火"的训练；没斗志也要有斗志！

头顶着太阳，脚踩着"岩浆"，我们一字排开，等待着老师发布的"生死书"："男生两次十五米35个来回，女生两次十五米22个来回，跑完打球。"可是，这打球可望而不可即。回想之前在体育馆里的空调下小跑打球，和现在烈日下的跑步、蛙跳，简直是天堂与炼狱。

一声令下，伴随着音乐的节拍，我们的腿不自觉地跑了起来。刚开始，节拍慢得像蜗牛爬，我心里：就这？但到第十个来回的时候，音乐吃了炫迈一样，愈来愈快，根本停不下来。

我这才知道自己是有多么的愚蠢，连站都站不起来。

"往前冲！"老师一次又一次地大喊。汗水开始不听劝地流下来，空气也不听话地避开我的呼吸，腿也不听使唤渐渐软了下来。班里一些胖胖的同学早已退出战场，最后还剩几位"勇士"拖着身体拼命挣扎。

"哔！"老师结束的哨声一响。汗水终于垂直滴在了脚上，大部分人获得了这次"体能大战"的胜利。

体育课结束时，清风拂过我的身体。我闭上眼，迎接"柔情似水"的清风；迎接"柔情似水"的树荫；迎接"柔情似水"的困意；难道就这样结束了？

"每人一次45折返跑，两次蛙跳，最后打球！"体育老师说。

额，打球？谁还有劲？

《登勃朗峰》教学设计

一、文本解读

马克·吐温，美国19世纪著名的批判现实主义文学的奠基人、演说家。他11岁丧父，12岁开始独自谋生。他先后做过印刷厂学徒、送报员、排字工等职业，后来还在密西西比河上当过水手和舵手……丰富的人生经历，让他很早观察到社会的不合理现象和人性的丑恶。他用幽默和讽刺的手法书写着所处时代与社会的是与非、人与人。代表作有《百万英镑》《汤姆索亚历险记》《王子与贫儿》等。

《登勃朗峰》中，马克·吐温以其别样的幽默，融合散文式的写景与小说式的叙事写人，为读者呈现了与友人同游勃朗峰的奇景、奇闻、奇事、奇人。

马克·吐温式的幽默体现在两点：1.在看似平静的场景中，把人物的某个特点放大，比如在写去往勃朗峰途中，那些花钱买罪受、乘坐骡子上山、一路颠簸的男男女女们；还有酒后驾着马车一路狂奔、善良镇定、神情威严地号称自己是"车夫之王"的车夫；更有"车王"那不时打嗝、说话时像加了标点符号的口音……2.故事结局戏剧化，当作者和朋友饭后被长长游客车队赶超后，车王竟践行自己的承诺如疾风般赶超了游客队伍，故事的结尾，他们意外地住进了上等客房……一路的颠簸换来住上等客房的"惊喜"，让人读后不禁哑然失笑。

二、教学重难点

（1）整体感知文章内容，在朗读中感受壮美的景色和奇特的人物。

（2）品味文章幽默风趣的语言，感受作者豁达的情怀。

（3）学习详略得当、错落有致的写作手法。

三、教学设计

（一）导入

说说在旅游过程中，你曾遇到的最有趣、最惊险的情景。

比如：贺州姑婆山上猴子冲游客头顶撒尿；比如爬青城山脚底一滑，以为自己要滑到山谷里；再比如爬七娘山以为自己要晒化了，还有甘肃"九层妖塔"拍摄地的鬼屋……

（二）勃朗峰及作者介绍

（1）勃朗峰，欧洲阿尔卑斯山主峰，海拔4800多米。

（2）马克·吐温，美国幽默讽刺小说家、演讲家，批判现实主义文学的代表人物之一。写了大量大家耳熟能详的历险记，如《汤姆索亚历险记》《哈克贝利费恩历险记》等。

（三）速读全文，理清文章内容

理清游历地点，了解游历中所经历的趣闻。

（四）探讨马克·吐温"幽默"的语言艺术

作业：查找马克·吐温"幽默"段子1—2则，写一段马氏"幽默"语言赏析短评。

四、板书设计

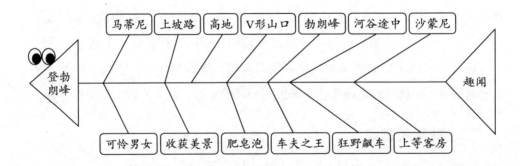

《一滴水经过丽江》教学设计

一、文本解读

阿来，当代藏族作家。2000年他的长篇小说《尘埃落定》荣获第五届茅盾文学奖。他也是首位获得该项文学大奖的藏族作家。随着他彰显藏文化精髓的长篇小说《格萨尔王》2009年的问世，他以巨额的版税再次荣登中国作家富豪排行榜第21名。此后，他的小说集、散文集不断斩获百花文学奖、茅盾文学奖等文学大奖。2019年，他的新作长篇小说《云中记》又获得文学排行榜小说榜的榜首……阿来将藏民族敬畏自然、尊崇自然的文化信仰融入到他的文学创作中，不仅让他的文学作品独具藏族文化特色，还让作品内容有了与众不同的表达视角与表现手法。

这篇《一滴水经过丽江》选自他的《阿来散文集》。阿来以独特的叙述视角开篇，化身为"一片雪"。随着意识的觉醒，这片雪化为一滴水。水滴随着瀑布从玉龙雪山上呼啸而下，一路上划过松与杉，流过丽江坝，奔涌向四方街，跌落入黑龙潭，又随着玉河到达四方街，穿过小桥，经过银器店、玉器店、字画店，来到纳西人的院落，又随着穿城河一起出城，到达城外的果园和田地，最终跃入奔腾的金山，奔向大海……

让我们一起随着阿来"变身"，作为"一滴水"去丽江的四方街上走一遭。

二、教学重难点

（1）整体感知，调动想象力感受丽江。

（2）抓住关键句，欣赏本文独特新颖的拟人写法。

（3）培养欣赏美、热爱美、珍惜美的思想情感，提升审美情趣。

三、教学设计

（1）导入：《西游记》中孙悟空有七十二变，作者吴承恩是通过什么思维过程让孙悟空有着神通广大的变化术呢（想象）？想象，让我们上天入地、贯通古今、千变万化、无所不能。这篇《一滴水经过丽江》充分运用"想象",写作出一篇风格独特的游记。

（2）简介阿来及其代表作。

（3）速读文章，把握游记中"水滴"流经的地方（用鱼骨图画出）。

（4）对比阅读，将本文与刘湛秋《雨的四季》比较。对比不同叙述视角写景的不同表达效果。

（5）作业：尝试化身为"一只毛毛虫"或"一只小燕子"游览荔香学校，写一段游历。

四、板书设计

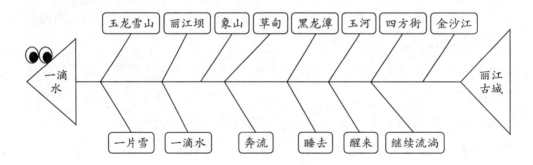

"学写游记"写作教学设计

一、教学重难点

（1）能恰当选取一些具有地标性的景物。

（2）采用一定的观察角度，抓住景物特征，描写自己游览过的一处名胜古迹或一个纪念馆等。

（3）结合本单元课文写游记的不同表现手法，选择自己游览过的印象深刻的一处景点，自己拟定题目，写一篇游记。

二、课时安排

2课时，第1课时写前导，列出提纲，第2课时当堂写作。

三、教学过程

第①课时

（1）列表法回顾本单元游记的景物特点、写作视角、人物表现、写景方法、语言特色（见表3）。

表3　本单元游记信息

课文篇目	景物特点	写作视角	人物表现	写景方法	语言特色
《壶口瀑布》	雨季：水大、危险 枯水季：水疾声大 整体特征：宽厚博大、柔中有刚、压而不弯、勇往直前	第一人称（人）	心慌害怕 打寒噤 陷入沉思 细观领悟	对比法 象征法 情景交融 比喻、夸张、排比等	气势恢宏 细致深刻 发人深省 富有哲理
《在长江源头各拉丹冬》	海拔高、天气冷、冰塔林奇幻美	第一人称（人）	摔裂尾骨 呼吸困难 少气无力 气力衰竭	情景交融 铺垫伏笔 对比映衬 比喻、夸张等	语言写实 情感丰富 对比强烈
《登勃朗峰》	道路崎岖 山峰奇特 色彩斑斓	第一人称（人）	笑看乘客 登临奇景 乘坐马车 抵达旅店	对比烘托 比喻夸张 正侧面结合	风趣幽默 简洁精准
《一滴水经过丽江》	盆地美丽 黑龙潭安静 玉龙雪山晶莹 四方街热闹	第一人称（一滴水）	化身"水滴" 一路流淌	换位视角 拟人手法	生动形象 描写细腻 视角新颖

（2）说说自己游历过的一处印象深刻的景点，并用鱼骨图画出游览过程及心情变化等。

（3）小组分享交流，推举出最佳写作提纲。

（4）结合最佳写作提纲，修改自己的游记写作提纲。

第**2**课时

学生习作：

上海老街游

八（8）班　梅　寒

暑假时，我和同学一起去上海参观了不少标志性建筑，如上海东方明珠、上海自然博物馆、钱学森图书馆等，还去了上海迪士尼，痛痛快快地玩了一天。

但我最喜欢的地方——上海的一条老街。

大巴刚开进那一片巷子，车上的同学们还在嘀咕：为什么要来这么荒僻的地方？怎么不去市中心繁华地带逛呢？

一下车，我们就被它吸引了！一条暗绿色的河流静静地环绕着老街；古朴优雅的石拱桥像一道彩虹般跨过河面；水中古旧的乌篷船来来往往……岸边，垂柳青青葱葱；岸上，叫卖声不绝于耳；不少行人，竟穿着汉服在街上走？！

进了古街，我们看什么都觉得新鲜，路边的美食更让人无法抗拒！我和朋友小妍买完米糕买烧肉，买完烧肉买麦芽糖，买了麦芽糖买椰汁。我们喝着椰汁，手上拎着大包小包的零食。一个女生眼尖看见一家卖臭豆腐的，我们便"呼啦"一下涌了过去。在等臭豆腐的过程中，又有女生买了甜甜圈。我们一边吃，一边找了空石凳坐了下来，好奇地张望着四周……

这家臭豆腐店依河而建，阳台外就是河。后院里还栽着好几盆荷花。正值盛夏，荷花都开满了，一朵比一朵娇艳动人！河上有风徐徐吹来，带来各种香味：花香，肉香，水果香。沿河还停着几只卖莲蓬的小船，河中央也不时有小船划过，都是需要人力划动的乌篷船。

此情此景，让人感觉格外舒服，忍不住想多坐一会儿。

从臭豆腐店出来，大家又去了各种奇奇怪怪的店：有的店里摆满了老书；有的店里堆满了瓷器，小妍还在那儿买了一只骨哨；还有的店里有各种"老洋货"。一个女生笑着说："这些钟呀表呀，可都是硬骨头，一把年纪了走得还挺准！"这句话引来一片笑声……

除去午饭时间，我们一整天都在老街里面游荡，不知不觉就过了一天。

傍晚时分，要回酒店了。我一边回味着这一天的经历，一边忍不住感叹："这一天过得可真快呀！我还没有玩够呢，希望下次还有机会重游这条老街！"

参考文献

[1] 夏丏尊，叶圣陶.文化七十二讲 [M].北京：中华书局，1990.

[2] 义务教育教科书·语文·八年级下册 [M].北京：人民教育出版社，2017.

[3] 梁衡.我的阅读与写作 [M].北京：北京联合出版公司，2016.

深圳市南山区荔香学校　陈　芳

诗歌单元整体教学设计

——以九年级（上册）第一单元为例

单元文体整体解读

一、诗歌单元教学定位分析

部编语文新教材九年级上册第一单元以"诗歌"为主要文体，并用三项"活动任务单"串联起整个单元，三项活动任务为："任务一自主欣赏。独立阅读教材提供的五首诗作，涵泳品味，把握诗歌意蕴，体会诗歌的艺术魅力。任务二自由朗诵。学习朗诵技巧，举行朗诵比赛。朗诵时，注意重音、停连、节奏等，把握诗歌的感情基调，读出感情，读出韵律。任务三尝试创作选择一个对象，写一首小诗，抒发自己的情感。在写作过程中，注意句式和节奏。"

诗歌是如何写成的，又带给人生什么呢？

美国诗人玛丽·奥利弗曾说："诗不是一种谋生职业，而是一种生活方式。诗是一只空篮子，你放进自己的生活，它给你全新的天地。"

想想真是如此，人生年岁尚浅时，我们常常不懂诗，也不爱诗；但当人生渐行渐浓时，才觉出诗歌是岁月的醇酒，愈读愈写愈醉。无论中国古体诗还是新诗，只要是诗歌都具备这样几个元素。

（1）语言凝练：诗歌是用精简的文字表达丰富意义的文学样式。诗歌中的每个词语都要既精准，又传神。

（2）分行、分节：诗歌与散文最明显的区别在于诗歌是分行、分节创作。

断行和分小节是诗歌叙述的基本单位，还影响阅读诗歌的节奏和阅读时的感受。

（3）音节与乐感：诗歌的用词是有韵律和乐感的，如中国古体诗的韵脚，新月派诗歌讲求的音乐美、英国的十四行诗、日本的俳句等。不同的诗有着不同的节奏和韵律。

（4）意象与意境：诗人们常把自己浓烈的情感灌注在一些具体事物上，这些具体事物就是诗歌的意象。意象不仅能反映诗人的情感，还能寄托诗人的志向，更能营造出引发读者共鸣的独特意境。

以上是诗歌必备的四个元素，也是完成本单元学习任务一——涵泳品味诗歌、把握诗歌意蕴、体会诗歌艺术魅力的教学要点。

梁衡先生在《我的阅读经历》中说："新诗给我的影响主要不是审美，而是激情……我们这一代人的诗人偶像是贺敬之、郭小川。他们的诗我都抄过、背过……他们的诗挟裹着时代的风雷，有万钧之力，是那个时代的进行曲，能让人血液沸腾……"

那么，如何读好诗歌、读出诗情与诗味呢？

诗歌，只有通过反复朗读、吟诵，才能把握其基调和情感。朱自清先生在《朱自清语文教学经验》中引用了黄仲苏先生关于"朗诵法"的解释："'朗诵腔调'分四大类：一曰诵读，诵谓读之而有音节者，宜用于读散文，如《四书》、诸子、《左传》等；二曰吟读，吟，呻也，哦也，宜用于读绝诗、律诗、词曲及其他短篇抒情韵文等；三曰咏读，咏者，歌也，宜用于读长篇韵文，如骈赋、古体诗之类；四曰讲读，讲者，说也，谈也，说乃说话之'说'，谈则谓对话，宜用于读语体文。"

著名教育家、文学家叶圣陶在《叶圣陶语文教育论集》中关于"吟诵"有具体的介绍："一般的见解，往往以为文言可以吟诵，白话就没有吟诵的必要。这是不对的……白话与文言都是语文，要亲切地体会白话文与文言的种种方面，都必须花一番工夫去吟诵。吟诵的语调，有客观的规律。语调的差别，不外乎高低、强弱、缓急三类……这三类声调，可以用符号来表示，如把'.'作为这个字发声须高一点的符号，把'△'作为这一句该前低后高的符号，把'▽'作为这一句该前高后低的符号，把'∨'作为句的头部宜加强的符号，把'∧'作为句的尾部宜加强的符号，把'◇'作为句的中部宜加强的符号，把'＿'作为急读的符号，把'‗‗'作为缓读的符号，把'～～～'作为不但缓读而且须摇曳生姿的符号。在文字上记上符号，练习吟诵就不至于漫无凭依。"

在读好、读通诗歌的基础上，如何尝试诗歌创作呢？

宗白华先生在《美学散步新诗略谈》中说："诗的定义可以说是用一种美的文字……音律的绘画的文字……表写人的情绪中的意境。……诗的'形'就是诗中的音节和词句的构造；诗的'质'就是诗人的感想情绪。所以要想写出好诗真诗，就不得不在这两方面注意。一方面要做诗人人格的涵养，养成优美的情绪、高尚的思想、精深的学识；一方面要做诗的艺术地训练，写出自然优美的音节，协和适当的词句。"

如何学习新诗之"形"？最好的办法是仿写。要写新诗，除天赋异禀外，先要模仿最具代表和典范的新诗。仿什么？仿句式的布局、词句的组合、音节的和谐、意象的选择。

至于新诗的"质"，则要去观察、行走，在自然或人文的景观中发现、领会、感悟，进而升华为诗歌。当生活中偶遇奇景，激发出刹那的情绪和灵感时，我们只需匠心选择那奇景中最具代表的意象，运用和谐的音律，以此拟就错落的词章、炼就不凡的人生诗篇！

二、诗歌单元整体教学目标及分解目标

表1　诗歌单元整体教学目标及分解目标

单元目标	课文	分解目标
自主欣赏。独立阅读教材提供的五首诗作，涵泳品味，把握诗歌意蕴，体会诗歌的艺术魅力	1.《沁园春·雪》/毛泽东	使用朗读符号标注这首词，有感情地朗读背诵；了解"词"及词牌，知道词与诗的不同；初步学习诗词鉴赏
	2.《周总理，你在哪里》/柯岩	有感情地朗诵全诗，继续学习标注朗诵符号；学习从修辞手法的角度鉴赏诗歌

续 表

单元目标	课文	分解目标
自由朗诵。学习朗诵技巧,举行朗诵比赛。朗诵时,注意重音、停连、节奏等,把握诗歌的感情基调,读出感情,读出韵律尝试创作。选择一个对象,写一首小诗,抒发自己的情感。在写作过程中,注意句式和节奏	3.《我爱这土地》/艾青	有感情地朗读诗歌,注意重音、停顿及节奏 从意象及其修饰语的角度鉴赏诗歌
	4.《乡愁》/余光中	有感情地朗读诗歌,体会诗歌回环往复的节奏美 体会如何抓住意象赏析诗歌情感基调
	5.《你是人间的四月天》/林徽因	有感情地朗读诗歌,体会转行的特色,及其所形成的节奏感 学习抓住意象特点鉴赏诗歌
	6.《我看》/穆旦	有感情地朗读诗歌,体会诗歌的画面美 从叙述视角的角度鉴赏诗歌
写作尝试创作		参照本单元的任意一首诗,模仿创作一首诗歌
名著导读 艾青诗选 如何读诗		分三项任务学习 《艾青诗选》最佳朗读者;《艾青诗选》最美鉴赏人;《艾青诗选》最牛仿创人

三、诗歌单元"读写力提升"进程表

九上第一单元以"诗歌"为主要体式,随文依次展开以下教学(见表2)。

表2　诗歌单元教学内容及侧重点

教学内容	教学侧重点
学习标注朗诵符号,有感情地朗诵诗歌 学习诗歌鉴赏,把握诗歌意蕴,体会诗歌的艺术魅力	《沁园春·雪》学习标注朗诵符号,从语音、语气、语调、语速、重音、停连等方面体会鉴赏诗作情感 《周总理,你在哪里》继续学习标注朗诵符号,有感情地朗诵全诗。从呼告、反复等修辞手法的运用角度赏鉴诗歌 《我爱这土地》从重音、节奏、诗歌意象及其修饰语方面鉴赏诗歌 《乡愁》从句式、节奏、意象等角度学习诗歌鉴赏 《你是人间的四月天》从人称、用词、转行等角度学习诗歌鉴赏 《我看》从意境、人称、主题等角度学习诗歌鉴赏
尝试创作诗歌	依照此单元任何一首诗歌,仿写一首诗

四、诗歌单元"读写力提升"助力工具——思维导图

思维导图一般从一个中央关键词进行发散思维,形成不同层级的分支,并

用图文并茂的呈现方式，将主题关键词、图像、颜色等建立记忆链接，从而有效帮助记忆，还有辨别、赏鉴与理清写作思路的作用。

思维导图对于诗歌"阅读力提升"的主要作用有：1.能全方位描述并系统分析文章或书籍的主要内容；2.它图文结合，能有效帮助记忆诗歌内容；3.思维导图的绘制需要发散思维和多角度联想，有助于激活创新思维，分析赏鉴诗歌，产生新的阅读体验；4.它分支状的结构，能分类整理各类知识，有助于复习汇总整个单元的知识要点。

思维导图对于诗歌"写作力提升"的原理在于："诗歌"创作一般也是由一个关键词或主要意象出发，经过发散性联想和创造性想象，将作者的情思、志向等寄托在具体的意象中，这一过程和思维导图的绘制过程极其相似。

诗歌单元"读写力提升"教学，我们可以用思维导图——这一可视化的思维工具将"阅读诗歌"与"写作诗歌"的过程可视化，让诗歌鉴赏、诗歌创作变得具体可感、有章可循。

第二板块　单篇读写教学设计及学生习作

《沁园春·雪》

一、文本解读

诗人贺敬之曾盛赞毛泽东诗词："毛泽东诗词以其前无古人的崇高优美的革命感情、遒劲伟美的创造力量、超越奇美的艺术思想、豪华精美的韵调辞采，形成了中国悠久的诗史上风格绝殊的新形态的诗美，这种瑰奇的诗美熔铸了毛泽东的思想和实践、人格和个性。在漫长的岁月里，可以毫不夸张地说，几乎风靡了整个革命诗坛，吸引并熏陶了几代中国人，而且传唱到了国外。"

毛泽东是中国共产党的始创者、是中华人民共和国的伟大领袖，是卓越的无产阶级革命家、政治家、军事家、思想家和诗人。毛泽东诗词呈现并记载了他所领导的中国革命的壮美历程，也是他光辉领袖人格的写照，反映出他超拔卓绝的战斗历程和光芒万丈的思想品格。

毛泽东诗词有着独树一帜的恢宏气势，主要体现在：①立意高远，主题鲜明；②音节和谐，语言精美；③意象生动，意境深远；④海纳百川、吞吐山河的伟人气象。

《沁园春·雪》写于1936年2月，正是红一方面军从陕北东渡黄河进入山西西部、抵达抗日前线的时候；也是毛泽东成为西北革命军事委员会主席、红一方面军政委、确立在全党全军领导地位的重要时刻。1945年，毛泽东赴重庆与国民党谈判，诗人柳亚子向毛泽东索句，毛泽东将此词赠予柳亚子。随后，这首词发表在重庆《新民报晚刊》（1945年11月14日）上，一时震惊朝野。蒋介石不甘心让此词抢了风头，曾让手下文人作诗词与之相抗，但均未有诗作能如此词豪壮。这首词以壮丽的咏物写景、极具伟力的评史述怀、豪迈的革命乐观主义精神和傲视百代的豪情壮志，一时间响彻中华大地。它是毛泽东诗词中影响最大、流传最广的代表作之一。

二、教学重难点

本课学习依据《叶圣陶语文教育论集》中的"吟诵"符号，通过示例，学习标注吟诵符号。在多次吟读中，逐步掌握停顿、重音、音高变化、节奏快慢等朗读要领。也通过一遍遍的朗读推进，不断把握诗词意象，感受词作豪迈激荡、指点江山、傲视群雄的非凡意境，进而理解毛泽东诗词中呈现的宏阔视野、超拔伟力、昂扬精神、壮阔胸襟等极具伟人风采的豪迈气象。

三、教学设计

本课以"读"为纲，串起全课。

第一遍自由读，根据课下注释正音。

第二遍全班齐读，再次订正读不准的字音，同时划分长句正确的朗读停顿，关注此词的韵脚，体会词的节奏美、韵律美。

第三遍学习"吟诵"符号，标注朗读时声音的变化，结合词作上下阕的内容，体会朗读时音高的变化、语速的快慢、重音的处理等。

第四遍分声部读，上阕女生读，下阕男生读，全班齐读"俱往矣……还看今朝"揣摩上下阕"领字"引出的具体内容和作者要表达的情感、志趣。

第五遍,自由背诵,当堂背诵比赛。

作业:①有感情地朗读全诗;②从如何朗诵符号标注的角度赏析这首诗。

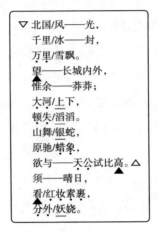

图1 吟诵符号标注示例

四、板书设计

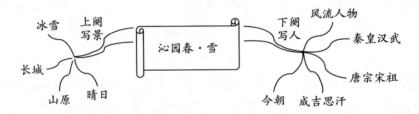

《周总理,你在哪里》

一、文本解读

柯岩,原名冯恺,当代著名的作家和女诗人。她是著名诗人及剧作家贺敬之的妻子。她这样解释"柯岩"这个笔名:"中国古人把绿绿的小苗称之为柯;岩就是大大的坚硬的岩石。岩石上是很难长出树来的,因此,凡是能在岩石上成活的树,它的根须必须透过岩石的缝隙寻找泥土,把根深深地扎入大地,它的生命力必将加倍地顽强……我取它做我的笔名,因为我知道写作是一件很难的事,决心终生扎根大地,终生奋力地攀登,从而使我的作品能像岩石中的小树那样富有生命力。"

　　这首诗作于1977年1月，正是周恩来总理逝世一周年的日子。1976年1月8日，周恩来总理病逝，中华大地一片悲戚。1976年1月11日，首都人民齐聚北京长安街，十里长街上，人们心情沉痛地目送总理离去……从1976年3月起，全国各地民众自发集结到天安门广场，举行悼念总理的活动。1977年1月，周总理逝世一周年之际，全国各地的人们纷纷开展缅怀总理的各种悼念活动，诚挚表达对周总理的沉痛哀悼和深情厚意。这首《周总理，你在哪里》，是其中最感人肺腑的优秀抒情诗作，迅速在祖国大江南北传诵开来……

二、教学重难点

　　有感情地诵读全诗，体会诗歌动人心魄的语言感召力。在反复诵读中，逐步体会设问、反复、拟人、排比等修辞手法，对增强诗歌语言表现力的作用。在多次诵读中，深入理解周总理不辞劳苦、勇往直前的革命精神，深入基层、与民同甘苦的亲民形象，忙于政务、日理万机的光辉业绩，不断感受周总理勤政爱民、鞠躬尽瘁、死而不已的伟大人格。也在多次诵读中，不断明确本诗所表现的总理爱人民、人民爱总理的诗歌主题。

三、教学设计

（一）读"回延安"，简介作者

　　贺敬之以一首"信天游"写就的《回延安》征服了千万读者的心，那些留下青春足迹、奋斗历程的往事也是幸福生活里人们最愿回眸的岁月。贺敬之也以他卓绝的文采打动了柯岩。柯岩是诗人贺敬之的妻子，也是一位才华横溢的女诗人。两人因文学结缘。平日里，闲话时面对面，看书时背对背，相濡以沫58年。《周总理，你在哪里》是柯岩最脍炙人口的一首抒情诗。

（二）介绍背景，营造诗境

　　这首诗作于1977年1月，正是周总理逝世一周年的日子。大家以唱诗会等多种活动表达对敬爱的周总理的沉痛悼念。柯岩的这首《周总理，你在哪里》开头就以直抒胸臆的"呼告"方式，杜鹃啼血般地深情呼唤总理，淋漓尽致地表达出全国亿万民众对总理的无限哀思之情，也把所有读者带入了那年那月的唱诗悼念活动中。

（三）标注符号，深情诵读

（1）自由读全诗，用朗读符号标注诗歌语言的起伏变化。

（2）齐读、个别读，一起标注正确的朗读变化。

（3）重点朗读第1、2诗节，第8、9诗节。

（四）赏析修辞，品味诗情

此诗先声夺人，以第二人称“你”呼唤“周总理，你在哪里”的呼告法，引起读者强烈的情感共鸣。接着，运用拟人、排比、反复，不断铺陈渲染，在人们对周总理的寻寻觅觅和声声呼唤中，不断引发读者对周总理的急切寻觅和动人心魄的呼喊。在山海大地的一次次寻找中，随着五个“在这里”和四个“在一起”铺排出现，人们对于总理的敬仰、思念、感佩之情达到高潮，总理的音容笑貌、总理勤政亲民，不断地融入所有读者的眼里、心里，总理光辉感人的形象也不断和读者心中的总理影像融合交织。最后，诗人柯岩用两个“永远”，四个“想念”，让全诗与读者心神合一。周总理因着此诗永永远远地居住在了中国民众的心中，中国民众也世世代代地想念着敬爱的周总理。

作业：①有感情地朗读全诗；②从修辞的角度赏析这首诗。

周总理，我们的/好总理，
你/在哪里呵——，你——在哪里？
你/可知道，我们想念你，
——你的/人民想念你！
我们/对着高山喊：
周总理——
山谷回音：
▽“他刚离去，他刚离去，
革命征途/千万里，
他/大步前进不停息。”△

图2 吟诵符号标注示例

四、板书设计

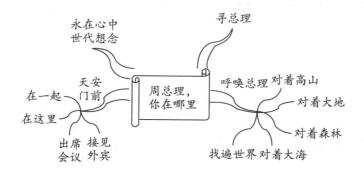

《我爱这土地》教学设计

一、文本解读

艾青，原名蒋正涵，字养源，号海澄，现当代著名诗人。1934年，一首长诗《大堰河——我的保姆》的发表，让艾青引起了诗坛的注目，他被称为"吹芦笛的诗人"，这也是他第一次使用"艾青"这一笔名。

艾青的诗在起点上，就和饱受战乱的中华大地与多灾多难的中国民众血脉相连。艾青是中国最早走向世界的新诗人之一，他的《大堰河——我的保姆》在发表后的几十年间，译成多国文字广泛传播于世界。

艾青诗歌的核心意象为土地、太阳、火把，是自由体诗的代表。艾青诗歌语言简洁明了、句式长短相间，多用呼告、设问、对话等方式直抒胸臆，极富表现力和感召力。这首《我爱这土地》作于1938年11月，正是中华大地饱受日本铁蹄践踏的艰难岁月。作者在诗中化身为一只鸟儿，用嘶哑的喉咙为被暴风雨所卷席的祖国土地歌唱……悲愤的河流、激怒的风、温柔的黎明、腐烂的羽毛、含泪的眼，艾青用一系列极富冲击力、召唤力的意象及其修饰语，为人们呈现出一个深爱祖国、甘愿为这土地牺牲的爱国者形象。

二、教学重难点

作家唐弢在《文章修养》一书中说："究竟什么是文气呢？我们知道，

一句句子的构成，或长或短，或张或弛，彼此是并不一律的，因此读起来的时候，我们从这些句子所得到的感觉，以及读出来的声音，也就有高低、有强弱、有缓急，抑扬顿挫，这就是所谓文气了。文气的跌宕，其实是根源于声调的转动的。"诗歌更需击节为拍、和诗以歌。诗歌的气韵需要通过朗诵腔调的变化呈现。本课在前两课学习基础上，让学生自行标注诵读符号，尤其关注长句的重音和停顿。在多次诵读中，赏析修饰语对意象表达的效果。

三、教学设计

（一）回顾历史，引出作者

1937年7月7日，卢沟桥事变揭开了抗日战争的序幕，随着日本侵略者的步步侵蚀，中华大地战火纷飞，国土沦丧，民不聊生。

这样国破家亡的动荡时局中，诗人艾青以《我爱这土地》表达对国土沦丧的悲愤与激怒，也表达着对祖国的热爱与投身反侵略战争的决心和意志。

（二）自由诵读，朗读标注

诗歌是具有多义性的，诗歌朗诵也极具个性化。每个人朗诵同一首诗歌都有不同的理解方式和表达方法。学生自由读全诗，用11种朗诵符号标注。

（三）个别朗诵，赏析全诗

抓住诗歌意象及修饰语进行赏析，了解艾青诗歌的主要意象和表达主题。

作业：①有感情地朗读全诗；②从修饰语的角度赏析这首诗。

四、板书设计

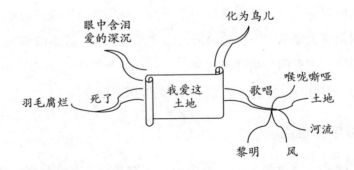

《你是人间的四月天》教学设计

一、文本解读

余光中的《乡愁》适合学生仿写，与本单元写作"仿写诗歌"更契合。故先学习第5课《你是人间的四月天》。

林徽因是中国现当代文化史上的一位杰出女性。她不仅是中国第一位女建筑学家，参与了中华人民共和国国徽、人民英雄纪念碑等重大项目的设计，她还是新月诗派的代表诗人之一。她的初恋是徐志摩，她的丈夫是梁启超之子——梁思成，著名哲学家金岳霖为了她终身不娶。林徽因离世时，金岳霖赠挽联曰："一身诗意千寻瀑，万古人间四月天。"这既是对才华横溢的林徽因由衷的赞美，也是《你是人间的四月天》巨大影响力的一个力证。

林徽因作此诗时，正沉浸在儿子梁从诫出生的一片喜悦中。初生的婴儿，笑响轻灵，一派天真，带给她初为人母的欢喜、温暖和爱意。此诗集中体现了新月派诗作"音乐美""绘画美""建筑美"三大特征。

二、教学重难点

以读带讲，从读中体味诗中极具音乐美的韵脚；从读中体会诗中用词的色彩美；从读中体会诗歌语句独特的转行特点及其带来的节奏美。

三、教学设计

（一）一代才女，三段尘缘

从国徽、人民英雄纪念碑的设计者说起，简介林徽因极具传奇性的一生。她卓绝的才华，古典的气质，清丽的外貌，吸引了无数青年才俊的目光，其中著名新月派诗人徐志摩就是她的仰慕者之一。不仅如此，著名哲学家金岳霖也为她终身不娶，她最终嫁给了同为建筑学家的梁思成。

（二）诗作为谁，爱向何去

这首诗究竟是为谁而作？曾有人说是写给徐志摩的赠诗，但更多研究者认为这首诗中的"你"指的是林徽因初生的儿子——梁从诫。其实，从诗歌的内容，也可以看出这首诗的主题是一个孩子带给母亲的爱与暖。

（三）诵读赏析，新月诗美

标注朗读符号，多次诵读此诗。第一遍读，拎出韵脚，体会新月诗派的"音乐美"；第二遍读，读出表达色彩的词，揣摩修辞手法的运用，体会新月诗派的"绘画美"；第三遍读，观察转行的特点、句式的安排，赏析新月诗派的"建筑美"和"节奏美"。

作业：诗歌鉴赏，试分析此诗所体现的新月诗派"三美"。

四、板书设计

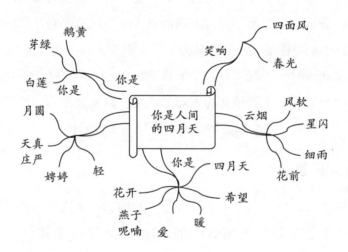

《我看》教学设计

一、文本解读

穆旦是中国诗歌现代化进程中具有里程碑作用的一位诗人。他坚守"五四"时期的白话诗变革，他的诗是现代白话，没有丝毫文言痕迹，却有着极具个性的色彩美和韵律美。他的诗反对晦涩朦胧，却有着深刻的思想和独有的情味。他的诗冷峻沉静，有着雄浑的美感和鲜明强烈的民族性。

这首《我看》，大体四句一节，形式整饬庄重，两个"我看"，描绘出

"春风拂过""飞鸟掠过"的美好画面,接着,由实而虚,从对自然美景的描摹转到对生命思考与感悟。

二、教学重难点

学生自主批注朗读要领和诗歌赏析,先自读,再全班交流赏析内容。

三、教学设计

(一)从"新月"到"九叶"

如果说"新月诗派"还保留着些许文言的痕迹,"九叶诗派"的出现则标志着现代白话诗的真正形成。穆旦,九叶诗派代表诗人,他的诗全用白话写就,不仅仍有诗歌的节奏和韵律,还蕴含特殊的象征意义,其独有内心思辨力,极富启示和哲理意味。

(二)自主阅读,自主赏析

结合前几课的诗歌赏析要点和诗作旁边的问题,自主批注赏析此诗。

(三)交流分享鉴赏内容

示例:"我看它们低首又低首,也许远水荡起了一片绿潮"这句话运用拟人和比喻的修辞手法,生动地写出青草被春风吹弯、有如绿色潮水涌动的美丽画面。

四、板书设计

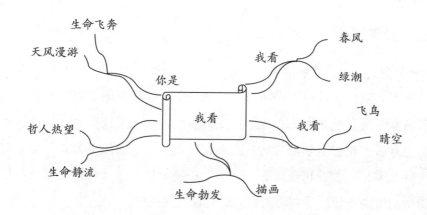

写作（尝试创作）与《乡愁》教学设计

一、文本解读

余光中，当代著名作家、学者、诗人、翻译家，被誉为"艺术上的多妻主义者"，他在《从母亲到外遇》中曾笑言："母亲是大陆。台湾是妻子。香港是情人、欧洲是外遇。"

"乡愁"是余光中诗作中永恒的主题，他也用乡愁诗撼动着亿万华裔人的心。这首《乡愁》作于1972年，由于政治原因，1949年就去了台湾的余光中一直未能和在大陆的亲人团聚，在强烈的思乡之情的驱动下，诗人以时间为序，借助"邮票""船票""坟墓""海峡"几个简洁明了的意象，把思念亲人的眷眷深情、渴望回归祖国大陆的拳拳之心，写得呼之欲出，让人感伤、感佩、感慨不已。

同时，这首短诗，四句一节，共四个小节，每小节对应诗句字数相同、结构相仿、只置换个别词句，可以按照"_____，_____是_____。_____，_____。"的句式进行仿写，完成本单元写作任务——尝试创作。

二、教学重难点

有感情地朗读全诗，抓住关键诗句，赏析仿写。

三、教学设计

（一）变文为诗，取象故乡

八下单元测作文曾写过《我与____的故事》，很多同学写了故乡的美食、民俗等内容，极具地方风味。课始，先问学生："如果让你找一个事物来说故乡，会是什么？想想上学期写的一篇文章《我与____的故事》。"学生们回答很丰富：故乡是一顿五味杂陈的"过早"；是一场生龙活虎的舞狮会；是一幕精彩纷呈的川剧变脸；是一份甜香可口的牡丹饼……

（二）介绍作者，赏析全诗

余光中写作的"四度写作空间"，文坛之"璀璨五彩笔"，艺术上的"多妻主义者"。品读诗歌，发现诗歌的取象美、结构美、意境美。

（三）运用符号，读出诗心

自由读本诗，用11种诵读符号标注朗读时需要注意的高低、快慢、停连、轻重等声音表现技巧。在文字上记上符号，练习吟诵就不至于漫无凭依。▲为重音符号；/为句中短暂停顿符号。

（四）赏鉴六法，妙品诗歌

依据诗歌鉴赏的以下六个环节赏析本诗。

（1）读懂诗歌：结合课下注释，能了解诗歌内容，简要概括诗歌。

（2）把握基调：依据诗歌创作背景、作者经历，把握诗歌的情感基调，及蕴含的诗人人生理想、志向等。

（3）抓住意象：能找出诗歌中的主要意象，区分意象各自的特点。

（4）营造意境：准确体会诗人用这些意象营造出的意境和画面。

（5）语言表达：能赏析诗歌语言表达的特色，如词语选用、句式特点、修辞手法、语序使用、写作手法等方面的特殊性。

（6）朗诵技巧：声音高低、语速快慢、语句停连、语音轻重等如何处理，用11种诵读符号标注，并反复朗读，体会调整。

（五）缘情取象，我写故乡

诗歌创作，先要在心中蕴情，再因着澎湃的激情，选取能蕴情于中的具体意象，然后，以时为序、依句而仿，写一首《故乡》之诗。仿照《乡愁》每段句式，仿写两个诗节。

小时候（小学时）

故乡（快乐）是＿＿＿＿。

＿＿＿＿在＿＿＿＿。

＿＿＿＿在＿＿＿＿。

长大了（初中后）

故乡（快乐）是＿＿＿＿。

_____在_____。
_____在_____。

四、板书设计

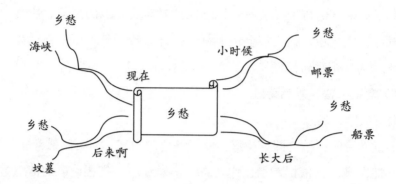

五、学生习作

故 乡

九（8）班 汪梦菲

小时候

故乡是一树灿灿金橘

我在树下剥橘

外婆在树旁笑我

长大后

故乡是一轮皎皎圆月

我在地上拜月

外婆在月上看我

故 乡

九（7）班 许善雅

小时候

快乐是一个小小的跷跷板

我在这头

伙伴在那头

长大后

快乐是一句暖暖的鼓励

我在这头

理想在那头

名著导读：《艾青诗选》教学设计

一、名著解读

艾青，1932年加入中国左翼美术家联盟。1933年，他以"艾青"为笔名发表第一首长诗《大堰河——我的保姆》，随后陆续出版《大堰河》（1939）、《火把》（1941）、《向太阳》（1947）、《光的礼赞》（1948年后）等诗集。

《艾青诗选》是诗人艾青重新焕发创作生机，于1979年由人民文学出版社出版的一部自编诗集，收录了他从1930年至1979年的主要作品，集中展示了艾青诗歌的主要创作历程和诗歌风格。

解放前，艾青诗歌以深沉浓郁、激越慷慨、喷薄奔放的风格为主。艾青以笔当矛，直击日本侵略者的恶行，激烈抨击黑暗现实，热情讴歌劳苦大众，拥抱太阳、礼赞光明。新中国成立后，艾青诗作仍然植根大地，采用象征的表现手法，以现实为根基，以"太阳""大地"为主要意象，热情歌颂民众、拥抱光明，思想更为深沉，情感更加醇厚。

艾青是现代自由体诗的倡导者，他的诗作在奔放与自由中取得了自然的和谐，既不拘泥于诗歌形式的束缚，又有序地运用排比、反复等修辞手法实现诗歌节奏的和谐和形式的错落美。他不断在诗作中践行着自己提出的"朴素、单纯、集中、明快"的创作主张。

二、名著任务活动

结合部编语文新教材九年级上册《艾青诗选》"如何读诗"名著导读内容，以及诗歌单元三项学习任务，本次名著活动设计三项任务活动，如下：

（1）"最美朗读者"：选择《艾青诗选》中自己最喜欢的一首诗，运用本单元所学的朗读技巧，现场诗歌朗诵，每小组推选1人参赛。

（2）"最佳赏鉴人"：选择《艾青诗选》中最打动自己的一首诗，从诗歌鉴赏的五个角度（主要内容、感情基调、意象及特点、意境营造、语言表达形式）进行赏析，每组推选2—3人。

（3）"最牛仿创人"（新诗人）：依据《艾青诗选》诗歌表现手法，创作一首诗。每组推选1—2人。

活动评价要求：请认真观看同学们的演出，每个人都是评委。请按以下评选标准，选出你心目中各项活动的"1、2、3名"，为最佳表现者写几句颁奖词。

评价量表如表3所示：

表3　评价量表

任务	最美朗读者	最佳赏鉴人	最牛仿写人（新诗人）
评分标准	读准字音；读准停顿；读出语气；读好情感；读出个人风采（可1—6人），可独诵，可合作朗诵	抓住意象，品读词句；揣摩修辞，赏鉴写法；感受意境，悟出诗情	是否有鲜明意象；能否恰当表达意象；能否营造出意境；是否有独特情感、感悟
第1名			
第2名			
第3名			
颁奖词			

参考文献

［1］义务教育教科书·语文·九年级上册［M］.北京：人民教育出版社，2018.

[2] 赛琪·科恩.写我人生诗[M].北京：中国人民大学出版社，2014.

[3] 梁衡.我的阅读与写作[M].北京：北京联合出版社，2016.

[4] 朱自清.朱自清语文教学经验[M].北京：教育科学出版社，2007.

[5] 叶圣陶.叶圣陶语文教育论集[M].北京：教育科学出版社，2015.

[6] 宗白华.美学散步[M].上海：上海人民出版社，1981.

[7] 徐四海.毛泽东诗词鉴赏[M].昆明：云南人民出版社，2011.

[8] 柯岩.柯岩文集[M].成都：四川文艺出版社，2009.

[9] 唐弢.文章修养[M].上海：生活·读书·新知三联书店，1983.

深圳市南山区荔香学校　陈　芳

议论文单元整体教学设计

——以九年级（上册）第二单元为例

单元文体整体解读

一、议论文单元教学定位分析

夏丏尊、叶圣陶先生在《文话七十二讲》中这样解释"议论文"："议论文是作者把主观的判断来加以论证的东西，可分别为两种：一种是作者自己提出一个判断来说述，一种是对于别的判断施行驳斥的，前者叫作立论，后者叫作驳论。"

由上可知，议论文是以议论为主要表达方式的、用于发表观点或见解的一类文章。按照文章的观点是作者自己提出还是驳斥对方观点，可以分为立论文和驳论文。议论文结构严谨，一般可分为总分式、层进式、并列式等。议论文的语言具有严密的逻辑性、富有说服力。作者为了证明观点，必须要收集和观点契合或相反的事实及道理论据。在运用道理或事实论据证明观点时，可以采用例证法、引证法、喻证法、正反对比论证法等多种论证方法。

近现代的一些演讲稿，本身就是一篇逻辑严密的议论文。只是演讲稿从文稿的功用角度进行分类，而议论文则是从文章的表达方式上进行分类。部编语文新教材九年级上册第二单元所选梁启超先生的《敬业与乐业》就是二者合一的范文。这篇文章是梁启超先生1922年在上海中华职业学校的演讲。文章从《礼记》的"敬业乐群"与《老子》的"安其居乐其业"截取"敬业乐业"四个字，提出"敬业乐业是人类生活的不二法门"这一观点。接着分"有业之必要""何为敬业""何为乐业"进行层层推进的论述，不仅有儒、道、佛三家的警语作为道理论据，还有佛家百丈禅师、道家佝偻丈人、儒家孔子自述、当世各行各业人等为事实论据，从古到今，从底层人民到大总统，跨时空、多层面地论述了"敬业与乐业"，结尾现身说法"自己平生最爱用两句话：一是'责任心'，二是'趣味'"。在梁启超先生看来，对职业有责任心就是敬业，能在从事的职业中获得趣味则是乐业。

《就英法联军远征中国致巴特勒上尉的信》也很有特色。从文稿功用上，这篇文章是一封书信；就文体而言，又是一篇极具讽刺意味的议论文。法国作家雨果在文中流露出强烈的正义感和道德感。他充分运用大量"反语"，如赞誉、丰功伟绩、收获巨大、胜利者、文明人等词语，辛辣地嘲讽了巴特勒上尉等人洗劫、火烧圆明园的侵略事实。

《论教养》是20世纪被誉为"俄罗斯知识分子的良心"的俄国作家利哈乔夫的名篇。文章开篇点题，先提出"什么是真正的教养"这一论题，接着从反面论证没有教养的种种表现，再正面论证一个真正有教养的人一定是尊重别人也是有优雅风度的。最后揭示优雅风度的具体表现和行为准则。

中国当代女作家毕淑敏的《精神的三间小屋》，是一篇议论性的散文。文章从"人的心灵应该比大地、海洋和天空都更为博大"的名言起笔，接着由"人的心灵"谈到为自己的精神修建小屋三间：一间盛放爱与恨；一间盛放事业；一间安放自身。最后以构建结实精神小屋、修筑精神大厦、开拓精神旷野做结。文章既生动形象富有感召力，又逻辑严密富有极强的说服力。

二、议论文单元整体教学目标及分解目标

表1　议论文单元整体教学目标及分解目标

单元目标	课文	分解目标
了解议论文特点，把握作者观点；区分观点与材料，能判断事实论据与道理论据	《敬业与乐业》/梁启超	通读全文，画出表明作者观点的语句；区分文章的事实论据和道理论据；学习常见的四种论证方法；品味分析文中用来推进论证或转换话题的关联词及设问句，并分析作用

续 表

单元目标	课文	分解目标
理清论证思路，学习论证方法及其作用	《就英法联军远征中国致巴特勒上尉的信》/雨果	通读信件，把握作者的观点； 理清文章的论述过程； 体会反语的表达效果
	《论教养》/利哈乔夫	对比论点和论题的不同； 理解本文的论证思路、论证方法； 理解教养的内涵及教养对于个人和社会的重要性； 学习例证法、对比论证法及批驳错误观点的论证过程
	《精神的三间小屋》/毕淑敏	把握文章主旨，理解"精神小屋"的内涵； 思考并交流如何构建自己的精神空间； 比较议论文与议论性散文的异同
写作观点要明确		围绕题目或按照作文要求，学习表达自己的观点； 明确的观点需要做到：态度明朗、范围恰当、语言凝练

三、议论文单元"读写力提升"进程表

九上第二单元以议论文为主要体式，随文依次展开以下教学（见表2）。

表2　议论文单元教学内容及侧重点

教学内容	教学侧重点
学习议论文，把握作者观点； 区分观点与材料，分清事实论据与道路论据； 理清论证结构，学习论证方法； 学习"反语"与"批驳"	《敬业与乐业》了解议论文的基本特点，把握作者观点及议论文结构；区分事实论据与道理论据，辨析不同的论证方法。 《就英法联军远征中国致巴特勒上尉的信》把握作者观点，理清文章结构和论述过程；学习反语及其表达效果。 《论教养》对比论点与论题；学习论证方法及其作用；学习批驳错误观点。 《精神的三间小屋》对比议论性散文与议论文；学习喻证法
写作观点要明确	以"敬学与乐学"为题，观点明确地写作一篇议论文

四、议论文"读写力提升"助力系统——括号图

括号图，由关键词和大括号组成，是我们最熟悉的一种思维图示。一般将代表"整体"的关键词放在左侧，代表"部分"的关键词放在右侧，中间用大括号表明涵盖关系。

对于一篇议论文，文章题目就是一个具有统领性的"整体"关键词，而

议论文"引论""本论""结论"则成为组成"整体"的各个"部分"。"本论"部分有分论点，又可以再画出二级括号图，依此类推。括号图能够让我们清晰地认识到文章整体与部分之间的关系，关注到文章微观的内部构成，从而客观全面地清晰了解文章内容。

　　括号图对于议论文"阅读力提升"的主要作用有：①从题目出发，理清议论文的结构；②它特有的从整体到局部的构造，很适合呈现议论文"总分式""层进式""并列式"等结构；③列出议论文结构提纲后，还可以利用箭头标识出各"部分"之间的相互关系，从而整体把握一篇议论文的主要内容。

　　括号图对于议论文"写作力提升"的主要作用有：①以作文论题或论点为括号图的"整体"关键词放在左侧；②将分论点列在括号图右侧，并且每个分论点可以再列出二级括号图，写出论证所需的道理论据和事实论据，并标清是正面还是反面的论据；③再由论据与论点的关系，思考采用何种论证方法，可以用圆括号在论据后加以标注。

　　总之，括号图从整体到局部、局部还能再列二级括号图的涵盖关系，不仅能很好地呈现议论文的阅读图式，也能清晰呈现议论文的写作图式。最终，有效地提升学生议论文的读写能力。

第二板块　单篇读写教学设计及学生习作

《敬业与乐业》教学设计

一、文本解读

　　梁启超，中国历史上一位百科全书式的人物，清末著名学者。他享年56岁，却有洋洋1000余万字的《饮冰室合集》。他开创了具有"策士之风"的"新文体"，这种新文体介于文言文和白话文之间，成为"五四"以前最受世人欢迎和模仿的一种文体。清末教育家、文学家黄遵宪盛赞梁启超的文章："惊心动魄，一字千金，人人笔下所无，却为人人意中所有，虽铁石人亦应感动。从古至今，文字之力之大，无过于此者矣。"

《敬业与乐业》是梁启超先生1922年8月在上海中华职业学校为学生们发表的一次讲演。1918年5月，上海中华职业学校由黄炎培发动中华职业教育社创办，以"敬业乐群"为校训，倡导"双手万能""手脑并用"；注重在生产劳动实习和职业训练中培养学生；注重理论联系实际，强调教育和社会生活相联系。

《敬业与乐业》有"策论文"的写作风格：先提出"敬业与乐业"的论题，再分析"有业之必要""何为敬业""何为乐业"，同时提出"敬业与乐业"的对策和应对措施，最后得出的结论——"敬业即是责任心，乐业即是趣味"。它很好地呈现了议论文三要素和总分总的结构特征。

《敬业与乐业》同时还是梁氏"新文体"的典范作品。文章援引了大量儒家、佛家、道家的名言，兼有少量文言，如"本题主眼""不必深求""理至易明""日日如此"等；还运用了大量口头语，比如"没有职业的懒人""当大总统的人""拉黄包车的人"等。正是这种旁征博引、文白相间、使用大量童叟皆知的白话进行表达的写作体式，让这篇文章既有文言文的典雅之风，也有白话文的畅达之意。

二、教学重难点

（1）通读全文，画出表明作者观点的语句。

（2）区分文章的事实论据和道理论据。

（3）学习常见的四种论证方法。

（4）品味分析文中用来推进论证或转换话题的关联词及设问句，并分析作用。

三、教学设计

（一）温故知新，导入本课

对于一个人而言，什么是最苦的？什么又是最乐的呢？

导入语：清代著名学者梁启超给了我们这样的回答"我说人生最苦的事，

莫苦于身上背着一种未来的责任。""责任完了,算是人生第一乐事。"梁启
超的《最苦与最乐》是我们七年级下所学的一篇文章,这篇文章的结尾说了什
么呢?请齐读。(《最苦与最乐》结尾"尽得大的责任,就得大快乐;尽得小
的责任,就得小快乐,你若是要躲,倒是自投苦海,永远不能解除了"。)如
何尽得大责任?今天所学《敬业与乐业》给了我们答案。

(二)初读本文,寻找"何为责任"

(随文学习生字词)

文章结尾作者说:"敬业即是责任心,乐业即是趣味。"

(三)了解文体,简介作者

(1)梁启超,清末学者,字任甫,号饮冰室主人,著有千万字的《饮冰
室合集》。他的文章文气丰沛、格局宏大,文白相间,明白晓畅,他开创了
"五四"前最为世人们所推崇和效仿的梁氏"新文体"。他的《少年中国说》
至今在中国大地上广为传唱,也成为健朗昂扬的民族自信、中国精神的典范
之作。

(2)议论文简介:三要素、常见结构方式、两种论据、四种论证方法、语
言特点等。

(四)再读本文,把握论点、理清结构

(用括号图绘制)

区分事实论据与道理论据,辨别正反论据。

第**2**课时

(一)圈点批注,探究论证方法

判断并分析所用论证方法及其作用。

(二)跳读文章,找出并品析文中起到衔接作用的词句

(1)跳读全文,找出论述中起过渡衔接的词句。

(2)结合文章过渡衔接语,学习本单元语法知识——复句类型。

(三)齐读全文,补充论据

再次感受作者丰沛的文气,尝试补充几则符合分论点的事实论据和道理

论据。

作业：收集符合"敬学与乐学"这一论题的5则事实论据和10条道理论据。

四、板书设计

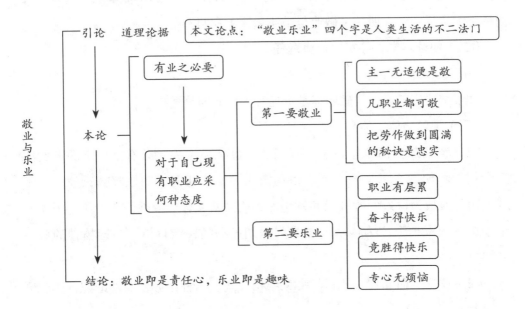

《就英法联军远征中国致巴特勒上尉的信》教学设计

一、文本解读

雨果，法国浪漫主义文学的主要代表人物。主要作品有小说《巴黎圣母院》《悲惨世界》《九三年》等。雨果出身于军官家庭，但受进步思想的启发，1827年发表的剧本《克伦威尔》在序言部分就公开反对古典主义，也拉开了法国浪漫主义文学的序幕。之后，他一系列的剧本、小说不仅表达出人民对暴政的不满，还表达了反对专制和教会等主张。

圆明园，始建于1709年，历时150年陆续建成，是清代五个皇帝精心打造的皇家园林。它拥有"万园之园""东方凡尔赛宫"等诸多美誉，它是世界园林艺术的典范，也收藏了不计其数的艺术珍品。1860年，清咸丰十年英法联军劫掠园林珍宝并纵火焚烧；1900年再次遭到劫掠和焚毁，两次浩劫使得一代名园化为废墟，仅余大水法残壁一角。

这篇《就英法联军远征中国致巴特勒上尉的信》，雨果是非分明、爱憎分明地站在人类的立场，用"反语"痛斥了法国政府侵略中国、烧毁抢掠圆明园的罪行，表达了作者热爱和平、珍视人类文明成果、尊重人类文明创造者的正义与良知。

二、教学重难

（1）通读信件，把握作者的观点。

（2）理清文章的论述过程。

（3）体会反语的表达效果。

三、教学设计

（一）图片导入，园林瑰宝——圆明园残照

（1）播放圆明园现存照片和复原图。

（2）回顾惨痛的近代史，激发学生爱国热情。

（二）介绍作者雨果及其代表作

雨果，法国浪漫主义文学的代表人物，他的剧本《克伦威尔》拉开法国浪漫主义文学的序幕。代表作有《巴黎圣母院》《悲惨世界》等。

（三）齐读全文，感受作者态度和观点

（1）用反语盛赞巴特勒上尉"远征中国"的罪行。

（2）作者的观点是什么，分几点论述。

（四）区分本文的论据，学习喻证法

（1）批注文章使用的"反语"，说说反语的语言表达效果。

（2）你如何看待雨果的这封信？谈谈对雨果的看法。

四、板书设计

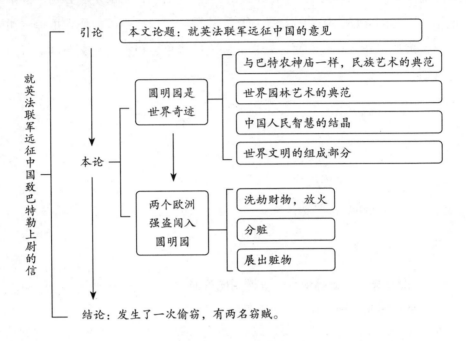

引论 —— 本文论题：就英法联军远征中国的意见

本论

圆明园是世界奇迹
- 与巴特农神庙一样，民族艺术的典范
- 世界园林艺术的典范
- 中国人民智慧的结晶
- 世界文明的组成部分

两个欧洲强盗闯入圆明园
- 洗劫财物，放火
- 分赃
- 展出赃物

就英法联军远征中国致巴特勒上尉的信

结论：发生了一次偷窃，有两名窃贼。

《论教养》教学设计

一、文本解读

利哈乔夫，俄罗斯20世纪著名的政治家、学者、作家、文艺理论、基督教活动家。他是俄罗斯文化大师，也成为20世纪俄罗斯的知识象征。利哈乔夫曾参加过列宁格勒保卫战，又在列宁格勒文学研究所任职，1986年开始，他致力于重新寻找俄罗斯文化之根，最终得到戈尔巴乔夫的支持，成立了俄罗斯文化基金会。他向民众们大力宣传俄罗斯传统文化的重要性，并积极倡导民族的权威是依靠道德尊严、民族文化复兴和对其他文化的宽容。他首次提出"文化生态学"的概念，告诉人们地球就像一个巨大博物馆，人类应该相互团结、共同保卫多样文化。利哈乔夫用自己的行动与实践、文艺研究与创作不断践行着自己的文化主张，他也因此被俄罗斯前总统叶利钦称为"唯一没有污点的人"，更被人们誉为"俄罗斯知识分子的良心"。

这篇《论教养》充分体现作为"俄罗斯知识分子的良心"的利哈乔夫的文学、文化主张。文章从"什么是真正的教养"这一论题起笔，先大量列举生活中种种无教养的表现，再正面阐述"有教养的人"的具体表现。接着，进一步阐明人们"有教养"之后，就会展现出"优雅的风度"，最后指出"用尊重的态度对待别人""加上几分随机应变的智慧""风度会自动来到你的身边"。

让我们一起来学习这位"良心"作家的名篇——《论教养》。

二、教学重难点

（1）对比论点和论题的不同。

（2）理解本文的论证思路、论证方法。

（3）理解教养的内涵及教养对于个人和社会的重要性。

（4）学习例证法、对比论证法及批驳错误观点的论证过程。

三、教学设计

（一）学校生活场景导入

说说哪种是有教养的表现。例如：随地吐痰、大声喧哗、追逐打闹、主动向师长问好、随意进出办公室等，请学生判断以上几种行为哪种是有教养的表现。今天，要学习一篇被誉为"俄罗斯知识分子的良心"的作家利哈乔夫的作品。

（二）简介作者

利哈乔夫，俄罗斯20世纪著名的政治家、学者、作家、文艺理论、基督教活动家。他是俄罗斯文化大师，也成为20世纪俄罗斯的知识象征。

（三）速读全文，结合旁批，把握文章的论题和主要论据

（1）对比论题和论点的区别。

论题一般以问题形式呈现，比如本文开头的"什么是真正的教养"，以及《最苦与最乐》开头的"人生什么事最苦呢？"

论点则能直接表现作者对某一问题或现象的观点看法，一般是一个陈述性的判断句。如《敬业与乐业》开头"我确信'敬业乐业'四个字，是人类生活

的不二法门"等。

（2）这篇文章的主要论题是：什么是真正的教养。

主要论据是大量的正反面事实论据。

（四）理清文章论证思路（用括号图呈现），讨论"教养"与"风度"的关系

（1）3—5分钟用括号图列出文章论述。

（2）教养是表现在人们日常的言谈举止中，当人们形成有教养的行为，也就自然拥有了由内而外散发的优雅风度，形成卓尔不凡的独特气质。

（五）再读全文，摘录格言警句

摘录几则"有教养""优雅风度"的格言警句，齐读齐诵，化为今后的行动。

有教养的表现，以下均为原文摘录：

第1则：一个有教养的人，必定从心里愿意尊重别人，也善于尊重别人。

第2则：有教养的人对别人一律谦让和礼让。

第3则：有教养的人待人处世绝不会自吹自擂。

第4则：有教养的人懂得珍惜别人的时间。

第5则：有教养的人允诺别人的事一定尽力去做，他不会摆架子、"翘鼻子"，无论何时何地，他的行为举止都保持一致。

第6则：有教养的人始终如一，稳重随和。

第7则：自我修养，与其说是注重行为举止，莫如说是重视行为举止的内涵，是以慎重的态度对待世界；敬重社会，珍惜大自然，甚至珍惜动物、鸟类，珍惜花草树木，珍惜当地的美丽风光，珍惜你居住地的历史，等等。

优雅风度的表现，以下均为原文摘录：

第1则：优雅风度是靠祖祖辈辈一代又一代的经验积淀而成的。

（类似于中国的家风家训）

第2则：优雅风度的基础是一种关照态度，人与人不要互相妨碍。

作业：课外拓展阅读《择善而从最重要》，收集家中长者的人生哲理和成长建议。

四、板书设计

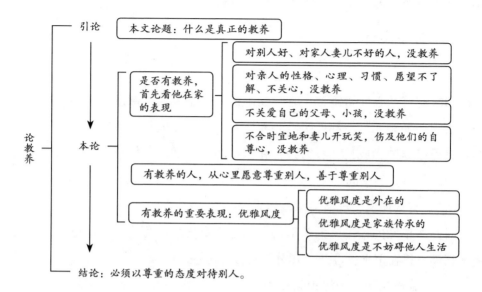

引论 ── 本文论题：什么是真正的教养

本论 ──
论教养

是否有教养，首先看他在家的表现
- 对别人好、对家人妻儿不好的人，没教养
- 对亲人的性格、心理、习惯、愿望不了解、不关心，没教养
- 不关爱自己的父母、小孩，没教养
- 不合时宜地和妻儿开玩笑，伤及他们的自尊心，没教养

有教养的人，从心里愿意尊重别人，善于尊重别人

有教养的重要表现：优雅风度
- 优雅风度是外在的
- 优雅风度是家族传承的
- 优雅风度是不妨碍他人生活

结论：必须以尊重的态度对待别人。

《精神的三间小屋》教学设计

一、文本解读

毕淑敏，当代女作家、内科医生、心理咨询师。作家王蒙曾称她为"文学界的白衣天使"。短篇小说《预约死亡》发表后，她的名字开始在全国被人们所知晓，这篇作品也是"新体验小说"的代表作。文学评论家贺绍俊曾说："毕淑敏与其说是一位作家，不如说是一位心理学家，她的每一部作品都是针对我们的心理疾患而开的心灵处方。这缘于她的善良和对人的心理隐秘的洞悉。"2018年起，毕淑敏出版了一系列"少年心灵智慧书""毕淑敏给孩子的心灵成长绘本"等儿童读物。

这篇《精神的三间小屋》正代表了毕淑敏作品中体察内心隐秘、关注心灵成长、启发人性自觉、建构精神小屋的文学主张和文学特色。

二、教学重难点

（1）把握文章主旨，理解"精神小屋"的内涵。

（2）思考并交流如何构建自己的精神空间。

（3）比较议论文与议论性散文的异同。

三、教学设计

（一）导入

佛家有言"心如明镜台，时时勤拂拭"，儒家说"诚意、正心、修身、齐家、治国、平天下"，都说明修心养性对个体生命成长的重要性，如何让我们的心灵得以养护和成长，身为医者和作家的毕淑敏为我们开了三剂药方，我们一起走进《精神的三间小屋》。

（二）自读课文，理清文章写作思路

对照本单元的议论文的基本特征，把文章压缩改写为一篇议论文。用荧光笔和红笔直接在书上标注。（10分钟自读并标注）

（三）合作交流，小组轮流发言

对比议论性散文与议论文在语言表达方面的不同（见表3）。

表3　对比议论性散文与议论文在语言表达方面的不同

语言表达	议论性散文	议论文
主要表达方式	抒情、描写为主，兼有议论	议论为主
修辞手法	比喻、拟人、排比等多种修辞手法	只有比喻，也是论证方法中的喻证法的运用
词语使用	大量使用形容词、动词，语言有明显的感情色彩	语言严密有逻辑性，较少使用形容词

（四）齐读改写压缩后的议论文版《精神的三间小屋》

作业：写出议论文版《精神的三间小屋》。

"明确观点"写作教学设计

一、教学重难点

（1）学习围绕一个论题，明确提出自己的观点。

（2）学习运用多种论证方法、道理和事实论据，论证自己提出的观点。

二、课时安排

2课时，第1课时写前导，第2课时当堂写作。

三、教学设计

第①课时

（一）名言导入，提出论题

大教育家孔子曾说："知之者不如好之者，好之者不如乐之者"，又说："学而时习之，不亦说乎？"孔子本人也是乐学不倦的典范，年老时尤其喜欢阅读《周易》，他反复翻阅《周易》很多遍，以至于连接《周易》竹简的牛皮绳被磨断了多次，留下"韦编三绝"的乐学佳话。今天，我们在本单元议论文学习的基础上，一起学习如何让议论文的观点明确。

（二）回顾旧知，学写观点

重读这单元前三篇文章的开头，学习如何明确表述一个观点（见表4）。

表4 明确表述观点

课文题目	《应有格物致知精神》	《敬业与乐业》	《就英法联军远征中国致巴特勒上尉的信》	《论教养》
提出观点或论题的方式	题目提出	引用名言，提出观点	回复信件，引发论题	阐述来由，设问引发论题
表述观点的句式	非主谓句	判断句××是××	陈述句我对____的看法是	疑问句什么是真正的教养
表达观点的常用句式	……是…… ……要/应当/必须…… ……能够/将会…… 一般情况下，表述观点需要用判断句			

（三）回顾范文，学习论证观点

用括号图展示《敬业与乐业》的写作思路（板书如图1所示）。

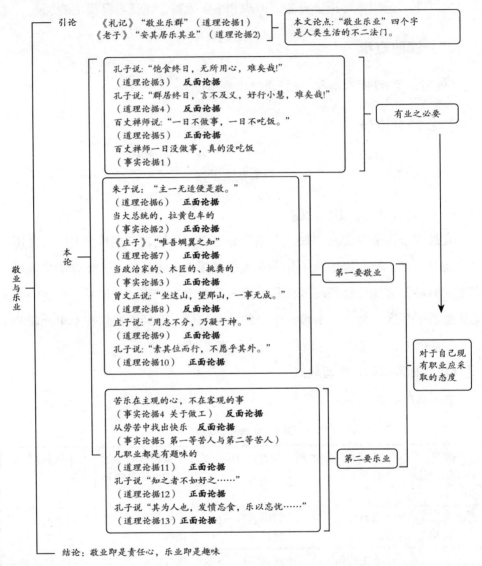

图1 《敬业与乐业》写作思路

（四）以"敬业与乐业"为题，小组合作，结合论据，学习论证观点

按三种论点提出的方式，每小组完成一个"引证"开头。老师按小组发言点评，指出观点不明的几个误区：①态度不明；②范围过宽；③语言啰唆等。

（五）依据范文，自拟提纲

依据《敬业与乐业》的课文提纲，结合自己收集的事实论据和道理论据，思考如何用合适的论据明确提出并论证"敬学与乐学"这一论题。

四、学生习作

敬学与乐学

九（8）班　杨心伊

"书山有路勤为径，学海无涯苦作舟。"自古以来，学习就是人的一大本业。我们从学习中汲取知识，理当敬学，也当乐学。

为何要学？明代李诩曾说："一日无书，百事荒芜。"充分说明了读书学习的重要性。宋代王安石也写过一篇《伤仲永》。文中记录了年少时有诗才的方仲永因没有上学，才华逐渐淹没的事情。学习使人有智慧，使人明得失，使人得以发展。一个人即使自身有才华，不学习也会最终消失。方仲永的故事不就是很好地向我们证明了这一点吗？

那么，既然要学，我们该如何学习呢？

首先要敬学。培根曾经说过"读书足以恬情，足以博采，足以长才"。学习如此重要，我们自然应以敬重的态度对待他，要专心致志，一心一意地学习。囊萤映雪的故事，人们耳熟能详，凿壁借光的故事，也妇孺皆知。这四个故事里的主人公都出身贫寒，但对学习都有着强烈的渴望。他们想方设法地在晚上寻找光明，在书中求取真知，最后都学有所成。类似的例子还有很多，当我们对学习怀着一种认真的态度，投入其中，不三心二意，"敬"字便产生了。

有了敬学还不够，把一件事儿做好最大的秘诀是热爱。所以，当然要乐学。孔子曾说过："知之者不如好之者，好之者不如乐之者。"意思是：知道学习知识的人，不如喜欢学习知识的人，喜欢学习知识的人不如乐在其中的人。有爱上学习，乐在其中，才能对自身起到最有意义的变化。《资治通鉴》记载了这样的一个故事：孙权麾下的一个将领吕蒙曾经是一个武夫，大字不识一个，他认为学习没有必要，也没时间学习。经过孙权劝说后，吕蒙开始学习，还逐渐爱上了读书，体会到读书的乐趣，最后受益颇深。连吴国的谋士鲁肃最后也惊叹他："非复吴下阿蒙！"这难道不是一个乐学的好事例吗？热爱学习，并乐在其中，最终受益终身。

正如抗金将领岳飞所说："莫等闲，白了少年头，空悲切！"敬学与乐学，应是我们学习应有的态度和乐趣。敬学就是要专心认真，乐学就是要热爱学习有恒心，望共勉！

参考文献

［1］夏丏尊，叶圣陶.文话七十二讲［M］.北京：中华书局，2007.

［2］义务教育教科书·语文·九年级上册［M］.北京：人民教育出版社，2018.

深圳市南山区荔香学校　陈　芳

古典小说单元整体教学设计

——以九年级（上册）第六单元为例

单元文体整体解读

一、古典小说单元教学定位分析

鲁迅曾说："在中国，小说不算文学，做小说的也绝不能称为文学家，所以并没有人想在这一条道路上出世。"

对中国古人而言，现在被列为文学四大样式之一的"小说"为什么不算"文学"？

《汉书·艺文志》一书对"诸子十家"的排序为：儒家、道家、阴阳家、法家、名家、墨家、纵横家、杂家、农家、小说家。并如此评论："诸子十家，其可观者九家（指前面九家）而已。"同时，《汉书·艺文志》这样定义"小说"："小说者，街谈巷语之说也，《传》载舆人之颂，《诗》美询于刍荛，古者圣人在上，史为书，瞽为诗，工诵箴谏，大夫规诲，士传言而庶人谤；孟春，徇木铎以求歌谣，巡省，观人诗以知风俗，过则正之，失则改之，道听途说，靡不毕纪，周官诵训掌道方志以诏观事，道方慝以诏避忌，而职方氏掌道四方之政事与其上下之志，诵四方之传道而观其衣物是也。孔子曰，'虽小道，必有可观者焉，致远恐泥。'"由此可见，中国古人认为小说写的是道听途说、闲言碎语、不足为据的内容，虽然有一定的可取之处，但执着于小说写作，却会妨碍远大的志向和践行高远的事业，君子是不齿于做这些事的。

但鲁迅先生却慧眼识珠、独辟蹊径、极具开拓力地对中国古代小说进行了有序而系统的研究。自1920年鲁迅先生在北京大学讲授中国小说史课程，到1930年间，鲁迅先生在自己讲义的基础上创作完成了《中国小说史略》。这本书是中国小说史研究的第一部专著，具有首创性、引领性和典范性。

《中国小说史略》一书以史为纲，从中国小说的源头——神话传说起笔，谈到汉代人不重视小说，导致《汉书》中所记录的小说全都没有流传下来。再到汉代小说的伪托之作，六朝时期的鬼神志怪小说，魏晋南北朝的清谈，唐代的传奇，宋代的志怪、传奇和话本等。随后，又出现宋元的话本、元明的讲史、明代的神魔和人情小说。到了清代，各类小说纷至沓来，有拟晋唐小说、讽刺小说、人情小说、狭邪小说、侠义小说及公案，最后是清末的谴责小说。

九上第六单元精选中国古代白话小说巅峰时期的鼎盛之作四篇，分别为：元末明初施耐庵《水浒传》"智取生辰纲"节选，清代讽刺小说代表作《儒林外史》"范进中举"节选；中国第一部章回体长篇历史演义小说——元末明初罗贯中《三国演义》"三顾茅庐"节选；中国古典小说的集大成之作——清代曹雪芹《红楼梦》"刘姥姥进大观园"节选。

中国古代白话小说有着怎样的艺术价值，我们今天该如何学习古典小说？

让我们一起走进中国古典小说的璀璨天地，一睹不同时代传统白话小说各具情态的风采与独特魅力！

二、古典小说单元整体教学目标及分解目标

表1　古典小说单元整体教学目标及分解目标

单元目标	课文	分解目标
抓住主要线索，理清故事情节；把握人物形象，探讨性格成因	《智取生辰纲》/施耐庵	把握双线结构，学会梳理故事情节；通过人物言行，分析人物性格特点；对比元明时期的白话与现代汉语的不同
	《范进中举》/吴敬梓	通过人物描写，谈谈对人物的看法；从人物态度的前后变化，了解当时社会现实；学习运用细节描写塑造人物形象的手法；体会小说的讽刺笔法

续 表

单元目标	课文	分解目标
结合具体描写，感受古代白话小说的艺术特点	《三顾茅庐》/罗贯中	学习并讨论人物语言对塑造人物形象的妙用；阅读原著相关章节，了解故事的完整情节
	《刘姥姥进大观园》/曹雪芹	学习运用语言、动作描写塑造鲜明的人物形象；学习运用多个侧面描写塑造人物形象的手法
写作学习改写	学习改变文体；尝试改变语体；学习如何改变叙述角度再叙事	
名著导读《水浒传》古典小说的阅读	阅读奇书，把握《水浒传》的题材特点；了解古代白话小说运用悬念、误会等设计离奇情节的艺术手法；把握人物主要经历，分析人物性格特点和形象；体会古代白话小说的语言风格	

三、古典小说单元"读写力提升"进程表

九上第六单元以古典小说为主要体式，随文依次展开以下教学（见表2）。

表2　古典小说单元教学内容及侧重点

教学内容	教学侧重点
抓住小说主要线索，梳理选文故事情节；学习多种描写塑造人物形象的手法；在把握人物形象的基础上，探讨人物性格的成因；了解感受中国古代白话小说的艺术特点	《智取生辰纲》运用小说的双线结构梳理故事情节；学习运用人物言行举止塑造人物形象的写法。《范进中举》体会古代白话小说的讽刺笔法；学习运用细节描写塑造人物性格的写法。《三顾茅庐》学习人物个性化的语言对塑造鲜明人物形象的妙用。《刘姥姥进大观园》学习抓住语言、动作的特点塑造生动的人物形象的写法，以及运用侧面描写烘托人物形象的写法
写作学习改写	选用《世说新语》"王蓝田吃鸡子"的故事，学习改写
名著导读《水浒传》古典小说的阅读	以"水浒群英绘"为专题开展读书汇报活动

四、古典小说"读写力提升"助力系统——坐标图

坐标图，是由相交于原点、相互垂直的两条数轴构成，在数学领域叫笛卡尔直角坐标系。它原本是一种可视化的数据信息图示。但如果对它加以学科融

合，把"横轴"作为小说的"故事情节线"，把"纵轴"作为小说的"人物心情运势线"，竟能够非常清晰而契合地表达出小说的读写图式。如图1所示：

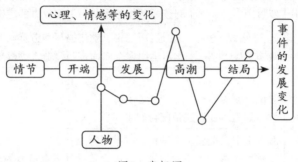

图1　坐标图

坐标图对于小说"阅读力提升"的主要作用有：①能清晰呈现小说情节的四个环节：开端、发展、高潮、结局；②能独特呈现出不同小说中人物在故事情节中的不同心情变化和运势变化；③还能用两条纵轴，有效呈现出小说双线并行的结构图式。

坐标图对于小说"写作力提升"的主要作用有：①能在写作前用于列出小说的写作提纲；②横轴呈现小说情节四个阶段的发展变化，便于理清文章写作思路；③纵轴调控显示小说人物的心情和经历的变化，便于思考采用何种表现手法。

总之，坐标图既能反映小说情节与人物命运的关系，也能通过增加纵轴反映小说独特的双线并行结构；还能帮助学生快速理清小说主要故事情节，并作出相应标注；同时辅助学生观察记录不同小说中人物心情与命运的变化，从而可视化呈现不同小说塑造的独特人物。

第二板块　单篇读写教学设计

《智取生辰纲》教学设计

一、文本解读

《左传》有言："太上有立德，其次有立功，其次有立言，虽久不废，此之谓不朽。"孔颖达疏："立德，谓创制垂法，博施济众；立功，谓拯厄除难，功济于时；立言，谓言得其要，理足可传。"

《左传》所说的"三不朽"，是中国古代仁人志士共同追求的一种超越时空的永恒价值。"立德"，是指能创立典章制度，开风气之先，让群众受益；"立功"指为官者要帮助群众解决困难，真抓实干，为人民办实事；"立言"是指著书立说，所写所说，被后人传诵。

然而，考取功名是不易的事。于是，很多读书人把目标锁定在"立言"而"不朽"。正因如此，中国古代很多真正的读书人并不以考取功名为读书的终极目的，而是要"著书立说成圣贤"！施耐庵就是这样一位以"立言"为人生终极追求的读书人。

施耐庵，元末明初的小说家，曾中过进士、做过官，但不屑与当朝人同流合污。于是，他弃官回家，专心著书。施耐庵才华横溢，博古通今，天文地理，无一不通。在辞官返乡后，他选取"梁山泊聚义、宋江起义"的故事，用锦心筹措故事情节，以绣笔绘出各路英雄好汉。《水浒传》每一章都有章法，每一句皆有句法，每一字均有字法。所录108位好汉，各有其貌、品性不一，让人读后拍案叫绝，回肠荡气不已。

金圣叹，明末清初著名文学评论家，他盛赞施耐庵的文笔："夫固以为《水浒》之文精严，读之即得读一切书之法也。汝真能善得此法，而明年经业既毕，便以之遍读天下之书，其易果如破竹也者，夫而后叹施耐庵《水浒传》真为文章之总持。"

九上第六单元《智取生辰纲》节选的正是书中构思极精巧、语言极精妙、人物塑造极精工的一段，原回目为"杨志押送金银担，吴用智取生辰纲"。《智取生辰纲》选文，用明暗两线组结故事情节，明线为杨志等人押送生辰纲，暗线为吴用等人谋取生辰纲。文字经纬间，尽显施耐庵的锦绣文笔、独运匠心。

二、教学重难点

（1）把握行文线索，学习梳理故事情节。

（2）通过人物言行，分析人物性格特点。

（3）对比元明时期的白话与现代汉语的不同。

三、教学设计

第**1**课时

（一）简介小说，把握本单元学习要点

小说，是文学的四大样式之一。小说的三要素为人物、情节、环境。其中塑造典型人物形象是小说的重中之重。典型人物形象通常是在曲折的情节，辅之以适当的自然环境描写，在社会大环境中不断推动、点染和烘托而成。本单元小说学习要点为：1.抓住线索、理清情节；2.总结形象，分析成因；3.品味描写，揣摩妙点。

（二）简介作者，引出小说故事

施耐庵，元末明初的小说家，中过举，当过官，弃官归隐，专心著书。他在宋元话本的基础上，以"宋江起义"为题材，创作出长篇白话小说《水浒传》。其中，以金圣叹评点本最为著名。

（PPT显示金圣叹对《水浒传》的高度评价："某尝道《水浒》胜似《史记》……《史记》是以文运事，《水浒》是因文生事。以文运事，是先有事生成如此，却要算计出一篇文字来，虽是史公高才，也毕竟是吃苦事。因文生事即不然，只是顺着笔性去，削高补低都由我。"）

由此可见，《水浒传》叙事写人均可谓中国传统白话小说的标杆与典范。

（三）走进文本，理清情节

（1）速读8分钟，用红笔或荧光笔标出故事情节相关的信息，如时间、地点、人物、事件等。

（2）8分钟后，小组接龙复述故事，理清小说情节。

（3）教师示范用"坐标轴法"板书小说故事情节和人物心情等变化，可视化呈现小说结构。

（四）品读双线并行的故事结构

（1）抓住时间、地点、人物，理清此文明暗双线并行的故事结构。

（2）结合已学的双线结构小说，谈谈这样布局的优点。

已学过的双线结构小说有《我的叔叔于勒》《孤独之旅》《最后一课》等，双线结构的优点：巧用伏笔，设置悬念；情节更跌宕起伏，故事更引人入胜；人物形象更加丰富；小说主题更为深刻。

（3）作业：结合选文，找出描写杨志的语句，分析他的性格特点，思考丢失生辰纲的原因有哪些。

第2课时

（一）结合课文，总结杨志的性格特点

杨志的优点：行事谨慎、有很强的组织能力和规划领导能力。

表现在：①乔装打扮，掩人耳目，集结11个身强力壮的军汉扮作商贩挑夫；②精心筹划，行歇有时，人多处，凉行热歇；人少处，热行凉歇；③谨慎小心、行动迅捷，看到土冈上有人，立刻警觉上前询问；④防备有度，拒绝诱惑，开始不肯让军汉买酒，也不肯喝酒。

杨志的缺点是性格急躁，急功近利；对下简单粗暴，对上不够尊重；不善用言语鼓舞士气、缺乏良好的沟通能力。

表现在：①不知体恤，打骂下属，一心只想着成功押送生辰纲，以此谋取官职，一路上对军汉非打即骂不管军汉辛苦；②唯我独尊，不敬长辈，自认为有梁中书授权，不尊重两个虞候，引得他们搬弄口角，人心离散。

（二）寻本溯源，分析人物性格成因

1. 提出两个疑点

（1）杨志一路上对军汉们非打即骂，军汉凑钱买酒后，为啥先敬老都管一勺，第二勺就给了杨志?

（2）杨志为什么对功名这样看重?

（学生们先就课文说出自己的看法，再结合原著了解深层次原因。）

2. 读原著，寻杨志身世

（请学生读《水浒传》第11回"杨志自报家门"选段）

杨志，是宋代武将世家杨家将的后代，曾经中过武举，做过殿帅府制使，但时运不济，押送花石纲时在黄河翻了船畏罪潜逃。杨志此时并不想和林冲一起落草，还抱着去往东京谋求一官半职的希望。（由此分析出"杨志急功近利"的深层原因——光耀门楣，不辱先祖）

3. 再读原著，了解杨志之后的遭遇

（读《水浒传》第11回的"杨志怒杀牛二"选段）

杨志辞了王伦、宋江，在东京想投奔高俅却被扫地出门。他花光了身上的钱，只好上街卖祖传宝刀，但却遇上泼皮牛二，不得已杀了牛二，被发配到大名府充军。这里，他遇到生命中的贵人——梁中书。（得出"杨志看重此次押送"的第二个深层原因——报知遇之恩）

4. 读原著，看看军汉为啥服气杨志

（读《水浒传》第12回"杨志与索超比武"选段）

杨志先是和周谨比试骑马射箭，当周谨恶狠狠冲他后心窝射三箭后，他却心存仁慈只是一箭射中周谨左肩，周谨滚鞍下马落败。紧接着，杨志又和索超比试武艺，两人大战五十多回合，也不见分晓。梁中书在月台上看呆了，两边军汉看得喝彩不已，直说："好斗！"（分析"军汉给杨志敬酒"的深层原因——打心底里佩服杨志的武艺高强）

5. 读金圣叹评点，讨论"杨志痛失生辰纲"的根本原因

（读金圣叹评点，见第15回）

杨志等15人痛失生辰纲有团队矛盾的表层原因，也有吴用等人配合默契、巧设陷阱的直接原因，但根本原因是梁中书犯了"疑人不用、用人不疑"的大忌。梁中书虽然很信任杨志的武功高强，但不信任他对自己的忠诚，唯恐他与贼人伙同劫了生辰纲，于是安插自己的眼线——老都管和虞候，导致押送队伍出现两个领导而意见不合，致使生辰纲被劫。

（三）品味元代白话与现代汉语的不同

3分钟红笔勾画文中元代白话，并批注与现代汉语的不同。之后，小组交流如下所示：

表3　元代白话与现代汉语比较

元代白话	现代汉语	不同之处
1.甚么	意为：什么	大多元代白话，现代汉语已经不这样表达，有的保留一部分意思，可以猜测出大概内容
2.兀的	意为：怎能	
3.恁的	意为：这样，如此	
4.怨怅	意为：怨恨	
5.呕死	意为：气死	

作业：结合选文，阅读《水浒传》中有关杨志的其他回目，写一篇《杨志小传》。

四、板书设计

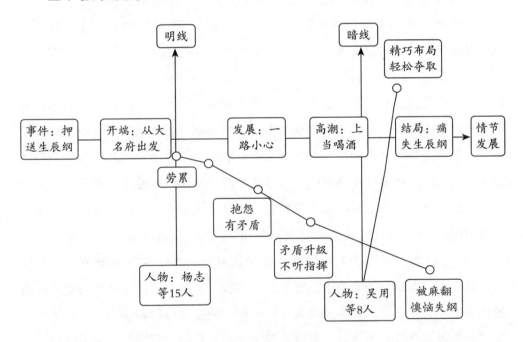

《范进中举》教学设计

一、文本解读

鲁迅《中国小说史略》这样评价《儒林外史》："寓讥弹于稗史者，晋唐已有，而明为盛，尤在人情小说中……然词意浅露，已同谩骂，所谓'婉曲'实非所知。迨吴敬梓《儒林外史》出，乃秉持公心，指摘时弊，机锋所向，尤在士林；其文又戚而能谐，婉而多讽：于是说部中乃始有足称讽刺之书。"

在鲁迅先生看来，晋唐出现的人情小说，已经有讽刺意味，但表意过于浅显直接，近乎谩骂，还算不上表意委婉、曲折、含蓄、隐约的讽刺小说，真正称得上"讽刺之书"的是吴敬梓的《儒林外史》。

《儒林外史》不仅开创了中国现实主义小说的典范，也有语言"婉曲"的极高讽刺艺术；并且在叙事结构上独辟蹊径，一改前人贯穿主干的一线串珠法，而寻求"事与其来俱起，亦与其去俱讫"的"碎锦式"散点叙事法。这种章回间的叙事看似缺乏联系，但各个人物事件主题却直指整个儒林文化。

吴敬梓之所以写出这部艺术价值极高的中国古代讽刺小说，与他人生经历密切相关。他出身名门望族，曾祖父吴国对曾是清代初期的探花，官居要职。最威武的是他曾祖父家兄弟五人，竟有四人是明末清初的进士。这在中榜率只有百分之三的清代科举制度下，是极为罕见的。吴敬梓受家族文化的耳濡目染，自小聪颖好学，才识过人，但他不善经营生计，为人乐善好施，导致家财、田产很快败光。雍正年间，他去参加科举考试，被人讥讽"文章大好人大怪"，甚至成为同乡人训诫子孙的反面教材。在受尽乡人冷眼和科举失利的情况下，他离开故乡去往南京谋生，有了更广泛的交游。他晚年常处于饥寒交迫中，贫寒的生活更让他看清艰难的世道、叵测的人心，为这部讽刺小说积累了丰富的现实素材。于是，他激愤满怀地写出了这部《儒林外史》。

《范进中举》节选的正是这部小说中最具典型意义的儒生形象和市井故事。范进，一个54岁的老童生，考了二十多次，才被有相同命运的考官——周进提拔中了秀才，而后又中了举人。中举前，他连老母都养不起，受尽丈人的辱骂和旁人的冷眼。中举后，范进不仅被老丈人夸作"贤婿""天上星宿"，还得到邻人的奉迎追捧、张乡绅的结交礼赠。小说用鲜明的对比，写尽范进中举发疯的丑态和周围人趋炎附势的丑陋嘴脸，深刻揭露出封建科举制对读书人的毒害和这种制度下的炎凉世态。

二、教学重难点

（1）学习运用细节描写塑造人物形象的手法。
（2）体会小说的讽刺笔法。

三、教学设计

第 ❶ 课时

（一）对比导入，时来运转

人生关键几个坎，如有贵人相助，自然平步青云、愈走愈顺。杨志有贵人提携却难获贵人信任，人生错失翻盘良机；但有一个人，前半生霉运连连，一朝运来，人生开挂——《儒林外史》中的范进。

（二）简介《儒林外史》及作者身世

介绍《儒林外史》，补充作者身世及时代背景。

（三）速读文章，用坐标图理清故事情节

速读全文，边读边利用坐标图整理故事情节，进行分享。

（四）结合原著，剖析人物

溯前事，寻晚年中举之因：结合《儒林外史》第3回"周道学校士拔真才"了解范进此次能中举的幕后推手。

看今朝，析众人突变之故：结合文章范进中举前后众人的变化，谈谈当时社会现实。

作业：用坐标图画出文章情节；批注3处细节描写。

第 ❷ 课时

（一）谈科举改变了什么

范进中举，喜极而疯；范进中举，胡屠变狗；范进中举，众人奉迎；范进中举，乡绅赠宅。为啥"中举"会让一个人的命运改变如此之大？"中举"到底意味着什么？

（身份变了，地位变了，所以招财进宅，有权即有钱，有官即有房宅和一切。写出趋炎附势的世风和势利寡情的世人）

（二）读文章品笑从何来

圈点文章中让人发笑的细节，做批注并全班分享。

（三）看之后谁又痰迷心窍

补读《儒林外史》第3回"范进母亲大笑跌倒"。

（四）思"笑"中藏有何物

了解"范进中举"的前后故事，可读出文中的"笑"里有读书人的辛酸，有中举人的得意，有周围人的诌媚，有老丈人的势利，有张乡绅的巴结，有老太太的意外，更有炎凉的世态和吃人的封建科举制度……

作业：结合《儒林外史》"范进中举"前后的情节，谈谈对封建科举制的看法。

四、板书设计

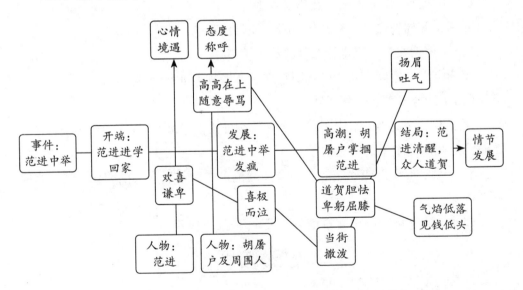

《三顾茅庐》教学设计

一、文本解读

《三国演义》，原题为《三国志通俗演义》。作者罗贯中在元代《三国志平话》和民间流行的话本故事基础上，依据正史，选用话本，考证文辞，最终创作成《三国志通俗演义》。

读《三国演义》，一定要寻找最佳刊本。现在流行最广泛的刊本是清代毛宗岗父子修订评改而成的《三国演义》。毛宗岗父子依据自己的审美和思想观念，强化了原作品中尊刘抑曹的政治倾向，将曹操作为乱臣贼子，而将刘备作为世之明君典范。刘备有儒家所推崇的最高人格——"仁义礼智信、温良恭谦让、忠孝廉耻勇"，他既仁德爱民，又有济世情怀；既尊贤礼士，又有用人之明。

《三顾茅庐》这段选文集中体现了刘备的人格魅力。刘备两次探访都未能见到诸葛亮，第三次前往，遭到关羽、张飞的阻挠，认为他过于放低自己身份。到访后，正值诸葛亮午睡，等了半响，张飞暴怒。即便如此，刘备也没让童子通报，仍静立雪中又等一个时辰。这样的等待是值得的，醒后的诸葛亮不仅为刘备指明了人生方向，还为他规划了政治蓝图。这篇选文，运用个性化的人物语言，在极具冲突的事件中塑造出鲜明的人物形象。

二、教学重难点

（1）学习个性化语言对塑造人物形象的妙用。
（2）阅读原著相关章节，了解故事的完整情节。

三、教学设计

（一）激疑导入，《三国》《水浒》能读否

有人说"少不读《水浒》，老不读《三国》"原因是什么？（《水浒》把打家劫舍者写为英雄豪杰，青少年难以分辨真假英雄；另外，《水浒》故事结局惨烈，令人唏嘘；《三国》人物工于心计，成年人难免心生算计；另外，《三国》故事会让人产生"壮士暮年"的慨叹）

（二）简介作品及作者，说出文中智者和贤君

介绍完作家作品后，结合"青梅煮酒论英雄"（《三国》第21回）、"舌战群儒"（《三国》第43回）、"草船借箭"（《三国》第46回）等故事情节，请学生说说《三国演义》中最有智慧的人和最有品格的人。

（三）顺势引入，寻文中智者和贤君

（1）速读课文，理清选文情节，品评主要人物的性格。

（2）课文中第三次拜访刘关张的细节表现，各反映出人物的什么个性。

（3）结合《三国》第37回，看看前两回发生了什么？细品刘备的人格魅力。

（4）朗读"隆中对"一段，品读诸葛亮智者风范。

（5）作业：阅读《三国演义》相关章节，写一则刘备小传或诸葛亮小传。

四、板书设计

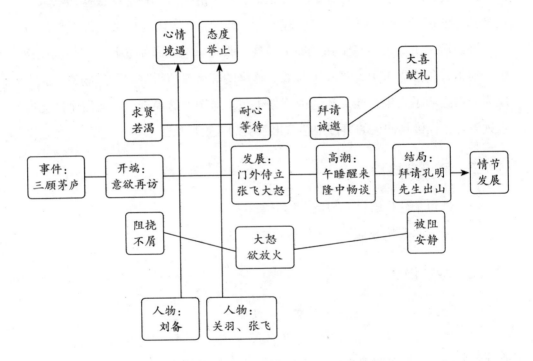

《刘姥姥进大观园》教学设计

一、文本解读

《红楼梦》是中国古代白话小说的集大成之作，也是具有世界影响力的清代人情小说范本。清代乾隆年间，北京城广泛流传着一部手抄本《脂砚斋重评石头记》，原题为《石头记》，又题为《风月宝鉴》，另题为《金陵十二钗》。这部小说以贾、王、史、薛四大家族的兴衰为背景，记录了宝玉、黛玉、宝钗的爱情故事，其中也带有作者曹雪芹家族命运的自传性质。

曹雪芹的曾祖父曹寅曾是清康熙帝伴读，虽为"包衣"奴才，但屡有战功，因而受到康熙帝重用。曹家几代人继任江宁织造、两淮巡盐御史等重要官职。但随着雍正帝、乾隆帝的继位，曹家屡受革职抄家等劫难，家道不断衰落。曹雪芹晚年时，生活已经相当贫苦，只能靠卖画和朋友的接济生活。曹雪芹不到五十岁就死于贫病交加之中。在艰难岁月里，曹雪芹以超拔的毅力，历经多年增补删节，创作出这部极具思想性和艺术性的中国古典小说巨著。

《刘姥姥进大观园》是《红楼梦》中极具喜剧性的一幕。刘姥姥第一次进大观园，只见到凤姐儿，得了二十多两银子，但也勉强度过了灾年。选文是刘姥姥二进大观园，本是刘姥姥遇着丰年带着两麻袋自家地里的土特产来谢恩，正赶上贾母宴请宾客，而有幸得入大观园开眼界。土农妇进了豪门望族，自然心生很多欢喜。再加上刘姥姥眼力好、性子热，又会逗乐解闷，更让贾母等人收获了一桌欢笑。

二、教学重难点

（1）学习运用语言、动作描写塑造鲜明人物形象。
（2）学习运用对比手法、侧面描写展开场景描写。

三、教学设计

（一）品咂"笑"意，对比导入

"范进中举发疯"让人发笑，这是一种辛酸的笑；还有一种笑，是类似于喜剧小品演员表演的滑稽之笑。一起学习《刘姥姥进大观园》。

（二）宏章巨著，作者身世

简介《红楼梦》及作者曹雪芹。

（三）速读课文，梳理文脉

速读文章，理清情节，用坐标图画出故事情节与人物变化。

（四）角色朗读，细品形象

朗读课文第7、8、9段，品品"笑"里反映的贾府各色人物形象。

作业：结合《红楼梦》第39、40回，谈谈对刘姥姥这个人物的看法。

四、板书设计

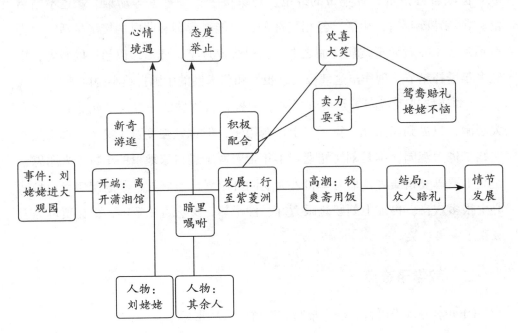

<h1 style="text-align:center">"学习改写"写作教学设计</h1>

一、教学重难点

（1）学习改写再创作。

（2）尝试改变语体写作。

二、课时安排

2课时，第1课时写前导，第2课时当堂写作。

三、教学设计

第 1 课时

（一）导入激趣，此诗识否

屏幕显示：现代诗《春》

> 风来了，
>
> 春天的脚步近了。
>
> 一切都刚睡醒，
>
> 朗润的脸红起来了。

这是一首由朱自清《春》开头改写的诗，谈谈改文为诗的变化。

（二）改写三招，文焕新彩

改写一般有改变文体，如上文，还有改变叙述角度，如《我的叔叔于勒》课后习题三；可以变换语体，将文言文改为现代白话文。

（三）文言转白，改写增色

（1）精选文言，了解大意。

（屏幕显示《世说新语》中"王蓝田性急"）

（王蓝田性急。尝食鸡子，以箸刺之，不得，便大怒，举以掷地。鸡子于地圆转未止，仍下地以屐齿蹍之，又不得，瞋甚，复于地取内口中，啮破即吐之。王右军闻而大笑曰："使安期有此性，犹当无一豪可论，况蓝田邪？"）

（2）小组互译，讨论补充。

（3）全班交流，小组接龙。

（4）小结文言改白话的要点：

①单字变双，疏通文意；②适当想象，添加细节；③依据原意，不失本色。

第 2 课时

写作要求：将"王蓝田性急"改写为一则300字以上的现代白话文。

名著导读:《水浒传》教学设计

一、名著解读

《水浒传》是中国第一部歌颂农民起义的长篇小说。作者施耐庵大胆地为宋江等起义造反者立传树碑,将108个盗匪写作英雄,从各路英雄坎坷人生经历写起,再到梁山聚义,以史诗般的笔法写就了一部梁山好汉聚首起义、再到最终失败的英雄血泪史,深刻地表现出"官逼民反"的小说主题。

明末著名文学批评家金圣叹《读第五才子书法》中盛赞《水浒传》:"《水浒传》方法,都从《史记》出来,却有许多胜似《史记》处。若《史记》妙处,《水浒》已是件件有。"金圣叹认为施耐庵见识超拔,不像《西游记》一样凭借鬼怪博人眼球;而且没有"之乎者也"这样的词,也照样能顺畅表达;最牛的是施耐庵写108个人,却能让每个人物都有鲜明的辨识度,每一个人物拎出来都相当于《史记》中的一篇人物列传;更绝的是《水浒传》文法精妙,是其他书所没有的,堪称"文章之总持"。

在金圣叹评注本启发下,结合九上《水浒传》名著导读,我将《水浒传》名著阅读汇报主题定为"水浒群英绘"。

二、名著任务活动

《水浒传》名著阅读汇报主题:水浒群英绘。

备选人物:宋江、吴用、林冲、鲁智深、武松、李逵等。

活动要求:每组选一个人作为"本组英雄人物",每人分工选做一项以下内容。

(1)以"我是好汉,____小传"为题写一则水浒人物小传500字以上。

(2)绘制一张这个"英雄人物"的生平事迹流程图、鱼骨图或思维导图。

(3)分析这一"英雄人物"的性格优点和缺点。

(4)谈谈这个"英雄人物"带给自己的成长启示。

参考文献

[1] 鲁迅.中国小说史略［M］.上海：上海古籍出版社，1998.

[2] 顾实.汉书艺文志讲疏［M］.北京：商务印书馆，2021.

[3] 郭丹.左传［M］.北京：中华书局，2016.

[4] 施耐庵.水浒传金圣叹批评本［M］.长沙：岳麓书社，2019.

[5] 刘义庆.世说新语［M］.北京：中华书局，2014.

深圳市南山区荔香学校　陈　芳

附 录

《巧作笔记勤读书》微课教程

微课创始
成员介绍

组长：陈 芳

组员：王 方　　组员：赵明明

技术老师：梁文进　　技术老师：邓少杰

技术老师：姜博成　　技术老师：刘鑫杰

[圈点批注]

第1讲 ▶

授课教师｜荔香学校　陈 芳

"巧做笔记勤读书"微课教程共有：

4节
"圈点批注"
读书笔记教程
+
5节
"图文结合"
读书笔记教程
+
16节
学生笔记
微视频

让我们一起继承传统、开拓创新，
开启有趣有效的**新型读书笔记**学习之旅吧！

[圈点批注]

第2讲 ▶

授课教师｜荔香学校　赵明明

圈点符号口诀〔一〕

1、2、3，标段落
单双线，段落分
难解词，圆圈画
黑点三角是重点
优美句下波浪线

第3讲 ▷

授课教师｜荔香学校 赵明明

圈点符号口诀〔二〕

人物描写单横线
中心关键双横线
表现手法波浪线
有疑问时打问号
方框椭圆人时地
阅读时时圈点标
书中妙境自然生

第4讲 ▷

授课教师｜荔香学校 王方

·钩玄提要读书法

技法百千，批注最简
经史文哲，提要钩玄
分其类，解其意
知其要，明其理
萃精华，写梗概
繁化简，书读薄

·赏析式批注法

字词句篇，语修逻文
大小佳处，皆有可赏
情藏细节，理在妙得
"批"为妙悟，"注"补解说
赏析品评，读书有迹

第5讲 ▷

授课教师｜荔香学校 王方

评价式、读后感式 批注读书法

书中言，皆可评
重体验，彰个性
论长短，褒或贬
有思悟，随手录
言精简，语晓畅
笃且实，久必功

第6讲 ▷

授课教师｜荔香学校 王方

思维导图绘制口诀

思维导图横向绘
核心词，中心始
发散思维顺时针
分支多，曲线连
线条粗细逐级减
一分支，一颜色
字写线上配简图

[图文结合]

第7讲 ▶

授课教师 | 荔香学校 | 陈 芳

整理问题型
鱼骨图的绘制口诀

头绪多,不用愁

鱼骨图,最清晰

鱼头处,主题词

鱼骨处,标要素

主骨中骨大小骨

要素也有大中小

整理问题鱼骨图

读书笔记好帮手

[图文结合]

第8讲 ▶

授课教师 | 荔香学校 | 陈 芳

三种鱼骨图的
绘制口诀

鱼骨图,有三种

整理问题第一种

鱼头可左也可右

鱼头写上人事物

原因型,头在右

结果写在鱼头处

对策型,头在左

鱼头上面是问题

条分缕析鱼骨图

一鱼拎起整本书

[图文结合]

第9讲 ▶

授课教师 | 荔香学校 | 陈 芳

•"手绘卡"歌诀

手绘卡,大乾坤

人物万象简笔绘

头像身材形相似

特长喜好平生事

绘时思,写时记

一卡在手要点全

•"图谱"歌诀

人、物多,书页长

画图谱,理关系

人名物名要正确

亲疏关系分好类

类别清,线平直

再多人、物不用愁

[图文结合]

第10讲 ▶

授课教师 | 荔香学校 | 陈 芳

"示意图"
"流程图"歌诀

示意图,明结构

勾勒轮廓定好位

流程图,展过程

简单边框箭头指

去细节,标重点

绘制方法简易行

◀后 记

坚持源于热爱

18岁你遭遇了什么，你就可能携带什么上路。

这句话，如流星划过，18岁的记忆由此打开……

18岁的我，短发齐耳，乌黑油亮，浓密的头发总让理发师卖力地挥舞着剪刀削短、打薄，理发师总是喃喃地说："小妹妹，你的头发真多。"

18岁的我，忧虑却坚定。上了高中，学习科目多、难度大。渐渐地，理科学习对我而言考高分特别吃力，很难考到像初中时稳居年级第一的傲人成绩。于是，我选择了文科班，并在书桌上贴了"北京"两个字。在高三文科班的学习，我在数学和英语上略有优势，但语文、历史、政治表现平平。在高三最后一学期的每月模拟考中也名次不佳，甚至还总有下滑的现象。最糟糕的一次，我排在了二十名开外。这一度让我焦虑，但书桌上的"北京"二字，却如一把火炬，燃起我青春的梦想，也温暖着屡考屡败的我。是的，只要不到最后，绝不放弃！最终，我以克市一中文科班第二名的成绩考入北京师范大学中文系汉语言文学专业。

从此，遇见了一大批热爱教育事业的好老师和出类拔萃的同学们——双手严重风湿已经变形、六十多岁仍不辞辛苦地为本科生上文字学的著名语言文字学家邹晓丽先生；儒雅风趣、学识渊博的古典文学赵仁珪教授；睿智机敏、话锋多变的时任我们唐宋诗学的谢思炜教授；风度翩翩、旁征博引、执教外国文学史的李正荣老师；温婉隽秀、极具才女风范、教我们现当代文学的杨联芬老师……宿舍里，有抱着一本两千多页的《牛津词典》、每天给自己规定背诵任务的超级学霸"小七"；有写散文明媚清新、写现代诗深婉动人的无敌才女"小五"；有每天睡前都写日记、至今每天仍在写作记录的"小六"……

回首青葱岁月里这些才情扑面的时光，这些可敬可佩、可亲可爱的老师和同窗们，用坚定的行动告诉我："坚持"源于"热爱"！

时间滚滚而逝，如今的我已从教多年，我常常还会问自己：你的心中还有梦吗？你每天在为梦想行动吗？你是否离梦想又近了一步？

现在，我可以很确定地说："是的，我的心中还有梦，我的心里还有热爱！我愿意为我所热爱的语文教育事业继续付出努力与坚持、光阴和热力！"

以此为后记，愿自己的当下及以后，愿所有工作室的成员和从事语文教育的人们，都能如自己朝气蓬勃、为梦起航的18岁那样，活在不断向着"热爱"行动的坚持中！也愿我们每一个人在回首往事时，身后莲花片片，一路芬芳……

深圳市荔香学校　陈　芳
2021年12月12日于深云斋